AF107526

www.ingramcontent.com/pod-product-compliance
Lightning Source LLC
LaVergne TN
LVHW010219070526
838199LV00062B/4657
* 9 7 8 9 3 5 8 7 2 2 4 5 1 *

اردو ادب میں

حمد و مناجات

مرتبہ:

محمد امین الدین

© Mohammad Ameenuddin

Urdu Adab mein Hamd o Munajaat

by: Mohammad Ameenuddin

Edition: May '2024

Publisher :

Taemeer Publications LLC (Michigan, USA / Hyderabad, India)

ISBN 978-93-5872-245-1

مصنف یا ناشر کی پیشگی اجازت کے بغیر اس کتاب کا کوئی بھی حصہ کسی بھی شکل میں بشمول ویب سائٹ پر اَپ لوڈنگ کے لیے استعمال نہ کیا جائے۔ نیز اس کتاب پر کسی بھی قسم کے تنازع کو نمٹانے کا اختیار صرف حیدرآباد (تلنگانہ) کی عدلیہ کو ہو گا۔

© محمد امین الدین

کتاب	:	**اردو ادب میں حمد و مناجات**
مصنف	:	**محمد امین الدین**
پروف ریڈنگ / تدوین	:	اعجاز عبید
صنف	:	تحقیق و تنقید
ناشر	:	تعمیر پبلی کیشنز (حیدرآباد، انڈیا)
سالِ اشاعت	:	۲۰۲۴ء
صفحات	:	۱۵۸
سرورق ڈیزائن	:	تعمیر ویب ڈیزائن

فہرست

(۱)	حمد	6
(۲)	حمد اور مناجات کے تناظر میں قرآن کا اسلوب بیان	7
(۳)	حمد و مناجات (شرعی روشنی میں)	13
(۴)	حمد و مناجات کی تاریخی، تہذیبی اور فنی اہمیت	37
(۵)	حمد کی دینی و ادبی قدر و قیمت	49
(۶)	حمد اور مناجات کی اہمیت و ضرورت	59
(۷)	قدیم حمدیہ شاعری میں شعری محاسن	69
(۸)	دکنی مثنویوں میں مناجات کی روایت	80
(۹)	غزل گو شعرا کی حمدیہ شاعری	119
(۱۰)	حمد و مناجات	136
(۱۱)	حمد و ثنا کے باب میں "بال جبریل" کی پہلی غزل کا مطلع	155

حمد

امتیاز الدین خان (پرتاپ گڑھ)

یہ پیاری زمیں، وہ چرخ بریں، سبحان اللہ سبحان اللہ
تو حسن کا خالق اور حسیں، سبحان اللہ سبحان اللہ
گلزار کی یہ زیب و زینت، سبحان اللہ سبحان اللہ
یہ آدم و حوا کی مورت، سبحان اللہ سبحان اللہ
یہ پھول ساتن، یہ پھول سامن، سبحان اللہ سبحان اللہ
ہر ایک کرن ہے شعلہ بدن، سبحان اللہ سبحان اللہ
یہ جگ مگ دن، جھلمل راتیں، سبحان اللہ سبحان اللہ
موسم کی بدلتی سوغاتیں، سبحان اللہ سبحان اللہ
یہ شام و سحر کے میخانے، سبحان اللہ سبحان اللہ
ہر دل کے چھلکتے پیمانے، سبحان اللہ سبحان اللہ
ہر ذرے میں جلوہ تیرا، سبحان اللہ سبحان اللہ
ہر ایک جگہ تیرا چرچا، سبحان اللہ سبحان اللہ
تو نور و نکہت، ناز و ادا، سبحان اللہ سبحان اللہ
سب کا داتا سب کا مولا، سبحان اللہ سبحان اللہ

ڈاکٹر حاجی ابوالکلام

حمد اور مناجات کے تناظر میں قرآن کا اسلوب بیان

جب کوئی لفظ اصطلاحی معنوں میں استعمال ہونے لگتا ہے تو اس کے لغوی معنی کی اہمیت نہ صرف ختم ہو جاتی ہے بلکہ اس کا اس معنی میں استعمال بھی متروک ہو جاتا ہے۔ اردو زبان میں دو الفاظ "مدح" اور "منت سماجت" مستعمل ہیں۔ مدح کے لغوی معنی تعریف، توصیف، ستائش اور منت سماجت بمعنی عرض معروض، خوشامد اور درخواست وغیرہ۔ اول الذکر سے "حمد" اور ثانی الذکر سے "مناجات" کی اصطلاحیں مشتق اور مستعمل ہیں۔ یہ اصطلاحیں ذات باری تعالیٰ کے لئے مخصوص قرار دی جاچکی ہیں۔ لہٰذا حمد اور مناجات کا اطلاق خدائے وحدہ لاشریک کے علاوہ کسی اور کے لئے درست نہیں۔ مولانا ابوالکلام آزاد الحمد کی تشریح میں حمد کی تعریف کرتے ہوئے رقم طراز ہیں:

"عربی میں حمد کے معنی ثنائے جمیل کے ہیں یعنی اچھی صفتیں بیان کرنا۔ اگر کسی کی بری صفتیں بیان کی جائیں تو وہ حمد نہ ہوگی۔" (ترجمان القرآن، جلد اول، ص:۳۱)

قرآن ایک ایسا مخزن علم ہے جس سے ہر مسئلہ کا حل نکالا جاسکتا ہے۔ یہ ایک ایسا بحر بیکراں ہے جس میں سے ہر قسم کے موتی کھنگالے جاسکتے ہیں سوال غوطہ لگانے کا ہے۔ جوئندہ پائندہ۔ جو تلاشتا ہے وہ پاتا ہے۔ خدائے تعالیٰ نے اپنے بندوں کو طریقہ زندگی سکھانے کے لئے زندگی کے ہر پہلو پر اجمالی روشنی ڈالی ہے جس کی جیتی جاگتی تصویر حضور

سرور کائنات ﷺ کی تیئس سالہ عملی زندگی ہے۔ آپ کی زبان ترجمان سے قرآن تلاوت فرما کر زندگی کے ہر پہلو کو روشن کر دیا تاکہ کوئی گوشہ تشنہ نہ رہے۔

قرآن پاک کی کئی سورتیں اسی مفہوم سے شروع ہوتی ہیں کہ آسمانوں اور زمین میں جو کچھ ہے وہ اللہ کی پاکی بیان کرتے ہیں۔ یہ ترغیب ہے بنی نوع انسان کے لئے کہ وہ بھی اللہ کی پاکی بیان کرے۔ یہاں اس بات کو ذہن نشین کر لینا چاہیئے کہ خدائے لم یزل کی پاکی بیان کرنا، اس کی ذات وصفات کی تعریف کرنا حمد کے زمرہ میں آتا ہے۔ یہ قرآن کا اپنا ایک منفرد اسلوب بیان ہے۔

"سورۃ الحشر" اور "الصف" اس آیت سے شروع ہوتی ہیں۔ "سبح للہ مافی السمٰوٰت ومافی الارض" پاکی بیان کرتے ہیں اللہ کی جو کچھ آسمانوں میں ہے اور جو کچھ زمین میں ہے۔ اسی طرح "سورۃ الجمعہ" اور "التغابن" کی ابتدا بھی اس آیت کریمہ سے ہوتی ہے۔ "یسبح للہ مافی السمٰوٰت ومافی الارض" اللہ کی بیان کرتے ہیں جو کچھ آسمانوں میں ہے اور جو کچھ زمین میں ہے۔ قرآن پاک میں ایسی بھی آیتیں ہیں جن میں اہل ایمان کو حکم دیا گیا ہے کہ وہ بھی اللہ تعالیٰ کی حمد بیان کرے۔ چہ جائے کہ یہ حکم لزومی نہیں۔ ان میں سے چند درج ذیل ہے۔

" سبح اسم ربک الاعلیٰ " (سورۂ الاعلیٰ، آیت نمبر ۱) پاکی بیان کرو اپنے رب کی جو سب سے بلند ہے۔ "وللہ الاسماء الحسنیٰ فادعوبھا" (سورۂ الاعراف، آیت نمبر ۱۸۰) اور اللہ کے لئے حسن وخوبی کے نام ہیں (یعنی صفتیں ہیں) پس چاہیئے کہ انہیں ان صفتوں سے پکارو۔ اسی طرح قرآن پاک میں للہ ملک السمٰوٰت والارض وما فیھن کہہ کر فیصلہ کر دیا کہ جو کچھ آسمانوں اور زمین میں ہے سب پر اللہ ہی کی حکمرانی ہے۔ اسی مفہوم کو علامہ اقبال نے یوں ادا کیا ہے:

درس او، اللہ بس، باقی ہوس

تانہ فتد مرد حق در بند کس

حکمرانی اور فرمانروائی صرف خدا کے لئے ہے۔ اس کے سوا کسی کو حق حاصل نہیں۔

خدائے پاک اپنی ذات و صفات میں لامحدود ہے۔ اس کی ذات و صفات کا احاطہ نہیں کیا جاسکتا۔ اس لئے اللہ تعالیٰ کی تعریف و توصیف میں ہر مبالغہ نہیں بلکہ حقیقت ہے۔ جہاں تک ذات کا سوال ہے تو وہ نور السمٰوٰات والارض ہے۔

حمد مدح رب العالمین ہے تو مناجات اس سے مانگنے کا ایک مخصوص انداز ہے۔ یہ وہ طریقہ دعا ہے جس میں بندہ اپنے رب کے حضور اپنے آپ کو کمتر، حقیر اور گناہ گار ہو کر پیش کرتے ہوئے التجا کرتا ہے۔ اس لئے ہر مناجات دعا ہو سکتی ہے لیکن ہر دعا مناجات کا درجہ حاصل نہیں کر سکتی۔ دعا تو ہر کوئی کرتا ہے لیکن مناجات کا تعلق ایمان سے ہے۔ ایک صاحب ایمان کو ہی یہ کیفیت حاصل ہو سکتی ہے۔

میری دانست میں دیباچۂ سورۂ فاتحہ جہاں بے شمار فضائل کی حامل ہے وہیں حمد و مناجات کی بہترین مثال ہے نیز اس سورۂ مبارکہ کے کل بیس اسما ہیں جن میں "سورۃ الحمد" اور "سورۃ المناجاۃ" بھی ہیں۔ سورۂ فاتحہ سے حمد و مناجات کا انداز بھی ملتا ہے۔ انسان اس کی بلندی کو تو نہیں چھو سکتا لیکن نقل تو کر سکتا ہے۔ یہ نقل بھی عند اللہ ماجور ہے۔ سورۂ فاتحہ سات آیتوں پر مشتمل ہے جس کی پہلی تین آیتیں:

الحمد للہ رب العالمین

تمام تعریفیں اللہ کے لئے ہیں۔

الرحمن الرحیم

وہ مہربان اور رحم والا ہے۔

مالک یوم الدین

یوم جزا کا مالک ہے

حمد کی ہیں جن میں خدائے تعالیٰ کی صفات بیان کی گئی ہیں۔ یہی نہیں بلکہ یہ سورہ بھی "حمد" کے لفظ سے شروع ہوتی ہے۔ مزید یہ کہ اللہ تعالیٰ نے اس کے ساتھ ال کا اضافہ فرما کر اسے مختص بالذات کر دیا۔ چوتھی آیت "ایاک نعبد وایاک نستعین" (ہم تیری ہی عبادت کرتے ہیں اور تجھ ہی سے مدد چاہتے ہیں) میں اظہار عبودیت اور استعانت ہے اور یہ کیفیت مناجات کے لئے ضروری ہے۔ آخری تین آیتیں مناجات کی بہترین مثالیں ہیں:

اھدنا الصراط المستقیم

چلا ہمیں سیدھے راستے پر

صراط الذین انعمت علیھم

ان لوگوں کا راستہ جن پر تو نے انعام فرمایا ہے۔

غیر المغضوب علیھم ولا الضالین

نہ کہ ان لوگوں کا راستہ جن پر تیرا غضب نازل ہوا اور نہ ہی گمراہوں کا۔

علامہ اقبال نے اسی کو ترانۂ وحدت کے نام سے قلم بند کیا ہے۔ علامہ اقبال نے بعینہٖ ترجمہ کا حق تو ادا نہیں کیا۔ یہ ان کی شاعرانہ مجبوری تھی لیکن اس کے مفہوم کو پوری طرح سمونے کی کوشش کی ہے۔

سب حمد تجھے ہی زیبا ہے تو رب ہے سارے جہانوں کا

سب سورج چاند ستاروں کا سب جانوں کا بے جانوں کا

یہ سبع من المثانی ہر نماز کا جزو لا ینفک ہے۔ کاش کہ نمازی سورۂ فاتحہ کا مفہوم ہی سمجھ لیتا تو اس کی نماز کی کیفیت ہی بدل جاتی۔ قرآن پاک میں حمد کے مفہوم کی بے شمار آیتیں موجود ہیں جن میں سے چند نمونہ از خروارے پیش کی جاتی ہے۔ خدائے پاک کی اس سے بہتر حمد کیا ہو سکتی ہے کہ وہ خود فرمائے کہ اس کی حمد اس طرح بیان کی جائے۔

سورۃ الانعام کی ابتدا اس آیت کریمہ سے ہوتی ہے۔ الحمد اللہ الذی خلق السمٰوٰت والارض تمام تعریفیں اس اللہ کے لئے ہیں جس نے آسمانوں اور زمین کو پیدا فرمایا۔ سورۃ الحشر کی آخری آیتیں جن میں اللہ تعالیٰ کے صفات بیان کی گئی ہیں۔

* ھو اللہ الذی لا الٰہ الا ھو، عالم الغیب والشھادہ ھو الرحمن الرحیم۔

وہی ہے اللہ جس کے سوا کوئی معبود نہیں، ہر نہاں اور عیاں کا جاننے والا۔ وہی ہے بڑا مہربان اور رحمت والا

* ھو اللہ الذی لا الٰہ الا ھو الملک القدوس السلام المؤمن المھیمن العزیز الجبار المتکبر سبحٰن اللہ عما یشرکون۔

وہی ہے اللہ جس کے سوا کوئی معبود نہیں۔ بادشاہ، نہایت پاک، سلامتی دینے والا، امن بخشنے والا، حفاظت فرمانے والا، عزت والا، عظمت والا، تکبر والا۔ اللہ کو پاکی ہے ان کے شرک سے۔

* ھو اللہ الخالق الباریٔ المصور لہ الاسماء الحسنیٰ یسبح لہ مافی السمٰوٰت والارض وھو العزیز الحکیم۔

وہی ہے اللہ بنانے والا، پیدا کرنے والا، ہر ایک کو صورت دینے والا اسی کے ہیں سب اچھے نام، اس کی پاکی بیان کرتے ہیں جو کچھ آسمانوں اور زمین میں ہے اور وہ ہی عزت والا حکمت والا ہے۔

اسی طرح آیت الکرسی حمد کی بہترین مثال ہے۔ یہ آیت اکثر لوگوں کو یاد ہوتی ہے

اس لئے اسی پر اکتفا کیا جاتا ہے۔

ایسی تمام دعائیں جس میں بندہ اپنے رب کے حضور اپنے گناہوں کا اعتراف کرتے ہوئے دعا مانگتا ہے یا جس کے پڑھنے سے خود بخود رقت کی کیفیت طاری ہو جائے اور اسے اپنے گناہ یاد آنے لگیں مناجات کے زمرہ میں آتی ہیں۔ قرآن میں اس مفہوم کے لئے ایک بہت ہی جامع لفظ "ظلم" استعمال کیا گیا ہے۔ ہر وہ عمل بدنی ہو یا روحانی جو انسان کے لئے ممنوع یا مضر ہے کیا جانا اپنے اوپر ظلم کرنے کے مترادف ہے۔ ذیل میں اس مفہوم کی چند دعائیں تحریر کی جا رہی ہیں:

* "ربنا ظلمنا انفسنا وان لم تغفر لنا وترحمنا لنکونن من الخاسرین"۔ (سورۂ الاعراف، آیت نمبر ۲۳)

اے ہمارے رب ہم نے اپنی جانوں پر ظلم کیا اور اگر ہمیں معاف نہ کرے اور ہم پر رحم نہ کرے تو ہم خسارہ پانے والوں میں سے ہو جائیں گے۔

* "ربنا لا تواخذنا ان نسینا او اخطانا ربنا ولا تحمل علینا اصراً کما حملتہ علی الذین من قبلنا ربنا ولا تحملنا مالا طاقتلنا بہ وعف عنا وغفر لنا والرحمنا انت مولانا فانصرنا علی القوم الکافرین"۔ (سورۂ البقرہ، آیت نمبر ۲۶۸)

اے ہمارے رب نہ پکڑ کر ہماری اگر ہم بھولیں یا کوئی غلطی کریں۔ اے ہمارے رب ہم پر بھاری بوجھ نہ ڈال جیسا کہ تو نے ہم سے اگلوں پر رکھا تھا۔ اے ہمارے رب اور ہم پر وہ بوجھ نہ ڈال جس کی ہمیں طاقت نہ ہو اور ہمیں معاف فرما دے اور بخش دے ہمیں اور ہم پر رحم فرما۔ تو ہمارا مولیٰ ہے اور کافروں پر ہماری مدد فرما۔

مضمون کی طوالت کے مد نظر انہی آیات پر اکتفا کیا جاتا ہے۔

***

منظور الحسن منظور

حمد و مناجات (شرعی روشنی میں)

دعا، مناجات، التجا، گزارش، دہائی، فریاد، معاونت یا استعانت یہ سارے الفاظ فکری لحاظ سے ایک ہی قبیل کے ہیں۔ معمولات زندگی میں اگرچہ تقاضائے بشری کے تحت عدل و انصاف اور اپنے حقوق کے تحفظ کی خاطر متعلقہ، افسران و صاحب اقتدار کے پاس داد گستری کے لئے جانا پڑتا ہے لیکن جب ان الفاظ کا رشتہ براہ راست خالق کائنات سے وابستہ ہوتا ہے تو نہ صرف ان کا احاطہ فکر وسیع و آفاقی ہو جاتا ہے بلکہ ان میں عقیدتوں کی پاکیزگیوں کے ساتھ ادب و احترام کی نازکی اور روحانی لطافت بھی پیدا ہو جاتی ہے۔ اس وقت جو بھی ان الفاظ کے معنی، مطالب اور دعا مانگنے کے آداب جانتا ہے اور اللہ تعالیٰ کو نہ صرف اس کے ایک ذاتی نام سے پہچانتا بلکہ اس کے سینکڑوں صفاتی نام یعنی ۹۹ اسمائے حسنیٰ سے بھی واقفیت اور ان کے روحانی اثرات پر مکمل یقین اور اعتقاد رکھتا ہو تو ایسا خدا شناس شخص وہ چاہے حالت عشرت میں اپنی جھونپڑی میں رہتا ہو یا دولت سے بھرے محلوں میں، وہ آقا ہو یا غلام، دہقان و کسان ہو یا امیر ذیشان، قلندر ہو کہ سکندر، شاہ ہو کہ گدا، ڈاکٹر، عالم، انجینئر یا سائنسداں ہو یا ناخواندہ سیدھا سادھا ملازمت پیشہ انسان۔ ان کی زندگی کے تمام گوشے، سکھ دکھ، اونچ نیچ، دھوپ چھاؤں یہاں تک کہ فرط انبساط اور دلفگار غم میں بھی آپ کو ان میں ایک ایسی دلربائی یکساں کیفیت نظر آئے گی جو حمد و

مناجات کے منکر لوگوں سے بالکل جدا اور پر کشش نظر آئے گی اور ان کے چہروں پر قلب مطمئنہ کا جلال یکساں نظر آئے گا۔ یہ ہر حال میں راضی بہ رضا رہیں گے۔ خوش و خرم ہیں تو الحمد اللہ کہہ کر اس رحمن و رحیم کے احسان کو جتائیں گے اور اگر مصائب و مشکلات میں گھرے ہوئے ہونگے تو اس وقت بھی فرخندہ جبیں سے مرضی مولا از ہمہ اولیٰ کہہ کر اپنے صبر و استقامت کا اظہار کریں گے۔ یہی بات انہیں کفر و شرک سے بچائے رکھتی ہے جو حاصل عبادت ہے۔ اس کے برعکس وہ لوگ جو دعا اور حمد و مناجات کے منکر ہیں یا صرف روایتی طور پر دعائیں پڑھتے ضرور ہیں لیکن ان کی روحانی ضرورت، اہمیت اور مطالب سے ناواقف محض ہیں انہیں آپ زندگی کے کسی بھی اعلیٰ، با اثر اور با اقتدار حالت میں دیکھئے یا تونگری میں بام عروج پر، یہ کبھی سکون و راحت میں مطمئن نظر نہ آئیں گے کیونکہ ان کے دلوں میں ایک اللہ کے ڈر کی بجائے اس دنیائے فانی کے سینکڑوں ڈر، خوف، دہشت، وحشت اور وساوس نے جگہ بنا رکھی ہے جو انہیں ہمیشہ بے چین اور بے قرار رکھتی ہے۔ بمقابلہ ان کے اہل دعا کی مطمئن اور پر اعتماد زندگی کا بڑا سربستہ راز یہ ہے کہ بس ایک اللہ کے ڈر اور محبت کو دل میں بسا لو اور دنیا کے سارے مادی ڈر اور خوف و وحشت سے نجات پالو۔ جو مانگنا ہو وہ اسی خالق کائنات سے مانگو اور در در کاسئہ گدائی لے کر پھرنے سے بچے رہو، ساری توقعات اسی رب کریم سے وابستہ رکھ کر ساری دنیا سے بے نیاز ہو جاؤ اور ببانگ دہل کہو کہ:

دامن حسن ازل ہے جس کے قبضے میں مدام
اس کے ہاتھوں میں خدائی قبضے میں مدام
آستان ناز پر جس کی جبیں ہے سجدہ تو کیا
اس کو کوئی تاج سلطانی بھی پہنائے تو کیا؟

یہ انداز زندگی اللہ کے انہی نیک اور مخلص بندوں کو حاصل ہے جو قرآن حکیم کی حسب ذیل آیات پر ایمان لائے ہوئے ہیں اور اس پر عمل کرتے ہیں:

(۱)(اللہ) دعا قبول کرتا ہے بے بس بے قرار کی، جب وہ اسے پکارتا ہے (سورۂ نمل:٦٢)

(۲) رب نے کہا مجھ سے دعا کرو، میں تمہاری دعا قبول کروں گا۔ (المومن:٦٠)

(۳) کہیے کہ میرا پروردگار تمہاری پروا نہیں کرتا، اگر تم دعا نہ مانگو۔ (الفرقان:٧٧)

دعا اور حمد و مناجات پر عبادت کی روح اور مغز ہے۔ وہ بندے جو اپنی عبادت کے بعد اللہ رب العزت کو حاضر و ناظر جان کر عجز و انکسار اور خلوص دل سے مناجات اور اپنی عافیت کے لیے دعا نہیں مانگتے اس مالک حقیقی کی تعریف و توصیف بیان نہیں کرتے تو اللہ تعالیٰ نہ ان کی نماز و عبادت کا محتاج ہے نہ ان کی نذر و نیاز کا بلکہ ایسے لوگ بارگاہ الٰہی میں مغرور، خود سر، گستاخ، بے ادب، بے روح و مردہ انسان کی مصداق ہیں۔ نہ صرف اللہ تعالیٰ ہمیں حمد و مناجات کرنے کی تاکید دیتا ہے بلکہ ہمارے پیغمبر خاتم المرسلینؐ بھی ہمیں ہدایت دیتے ہیں کہ:

"اللہ نے فرمایا ہے کہ میرے بندو! تم میں سے ہر ایک گمراہ ہے سوا اس کے جس کو میں ہدایت دوں۔ پس تم مجھ ہی سے ہدایت طلب کرو کہ میں تمہیں ہدایت دوں۔ میرے بندو! تم میں سے ہر ایک بھوکا ہے سوا اس شخص کے جس کو میں کھلاؤں۔ پس تم مجھ سے ہی روزی مانگو تو میں تمہیں روزی دوں۔ میرے بندو! تم میں سے ہر ایک ننگا ہے سوا اس کے جس کو میں پہناؤں۔ پس تم مجھ ہی سے لباس مانگو تا کہ میں تمہیں پہناؤں۔ میرے بندو! تم رات میں بھی گناہ کرتے ہو اور دن میں بھی۔ مجھ ہی سے مغفرت چاہو

میں تمہیں بخش دوں گا۔"(صحیح مسلم)

اللہ کے مقربین اور صالحین بندوں کا یہ کہنا ہے کہ بارگاہ الٰہی میں مناجات کرنے کے لیے یہ ضروری ہے کہ اس کی شروعات حمد باری تعالیٰ سے ہو اور اپنے مدعائے دل کے مطابق اللہ تعالیٰ کے مختلف اسمائے حسنیٰ کو بھی دہراتے رہیں۔ قرآن حکیم بھی ایسے ہی طرز بیان کی تلقین کرتا ہے۔ مناجات کا اسلوب ایسا ہو کہ اس میں بندہ اللہ کو "علی کل شیئٍ قدیر" تسلیم کر کے اپنی عاجزی، انکسار، بے کسی اور مجبوریوں کا اظہار کرے اور پھر اپنا مدعائے دل کچھ ایسے خشوع و خضوع اور دل گداز انداز میں پیش کرے کہ اللہ کو اس بندۂ عاجز پر رحم آ جائے۔ قرآن حکیم میں اللہ تعالیٰ نے بذات خود برائے تعلیم و تربیت ایسی ان گنت آیات اور حمد و مناجات کے مکمل مرقع پیش کئے ہیں جن میں سے سورۃ فاتحہ کو ایسا مقام ارفع حاصل ہوا ہے کہ ہر نماز چاہے وہ سنت و فرض ہو یا واجب و نفل ہو، ان کی شروعات اسی سورۃ فاتحہ سے ہونی چاہئے ورنہ وہ نماز نا قابل قبول ہو گی۔ کیونکہ اس میں حمد اور مناجات دونوں کا بڑا دلکش اور روحانی امتزاج ہے۔ حضرت ابی بن کعبؓ سے روایت ہے کہ نبی کریمؐ نے فرمایا:

"سورہ فاتحہ ام القرآن ہے اس جیسی افضل کوئی سورۃ نہ اس سے پہلے توریت میں نازل ہوئی اور نہ انجیل میں "(ترمذی)

اسی سورۃ فاتحہ کی عظمت سے متعلق اللہ رب العزت نے فرمایا:

"(اے میرے پیارے نبیؐ) ہم نے دی ہیں تجھ کو سات آیتیں، بار بار دہرائے جانے والی اور قرآن۔"(الحجر:۸۷)

اسی سورۃ فاتحہ کی آیات سے متعلق حدیث قدسی ہے کہ اللہ عزوجل فرماتا ہے:

"جب کوئی نمازی الحمد للہ رب العالمین کہتا ہے تو اللہ تعالیٰ فرماتا ہے کہ میری

تعریف کی۔ اور جب نمازی الرحمن الرحیم کہتا ہے تو اللہ تعالیٰ فرماتا ہے کہ میرے بندے نے میری توصیف کی اور جب نمازی مالک یوم الدین کہتا ہے تو اللہ تعالیٰ فرماتا ہے کہ میرے بندے نے میری بزرگی بیان کی اور اپنے سب کام میرے سپرد کر دیئے۔ نمازی جب ایاک نعبد وایاک نستعین پڑھتا ہے تو اللہ فرماتا ہے یہ میرے اور میرے بندے کا آپس کا معاملہ ہے۔ میرا بندہ جو سوال کرے گا وہ اس کو ملے گا۔ پھر جب نمازی یہ پڑھتا ہے اھدنا الصراط المستقیم۔ صراط الذین انعمت علیھم غیر المغضوب علیھم ولا الضالین۔ تو اللہ فرماتا ہے کہ یہ سب میرے اس بندے کے لئے ہے اور یہ جو کچھ طلب کرے گا وہ اسے دیا جائے گا۔ قرآنی مناجات کا یہ بھی ایک انداز ہے جو دور حاضر کی فریاد اور داد خواہی معلوم ہوتی ہے۔

* "پروردگار! ہماری گرفت نہ کرنا، اگر بھول جائیں ہم۔ پروردگار! اور ہم پر ویسا بوجھ نہ رکھنا جس کے اٹھانے کی ہم میں طاقت نہیں اور ہمیں معاف کر اور ہمیں بخش دے اور ہم پر رحم کر تو ہی ہمارا مالک ہے۔ تو ظالم کافروں کے مقابلے میں ہماری مدد فرما۔" (البقرہ:۲۸۶)

* "اے رب ہمارے نہ آزما ہم پر زور اس ظالم قوم کا اور چھڑا دے ہم کو ان کافروں سے۔" (یونس:۸۵)

* "اے اللہ مت جانچ ہم پر ان کافروں کو اور ہم کو معاف کر یا اللہ تو ہی زبردست حکمت والا ہے۔ (الحشر:۵)

یہ سب التجائیں رسول اکرمؐ نے معراج میں بارگاہ الٰہی میں پیش کی تھی۔ (طبری و مودودی)

روز مرہ کی زندگی میں روز و شب پڑھی جانے والی اور قہر آلودہ مشکلات میں پیش کی

جانے والی قرآنی مناجات اور وہ ادعیہ ماثورہ جو سرکار دو عالمؐ سے منقول ہیں بڑی افادیت کی حامل ہیں جس کا جاننا ہر مومنین و مومنات کے لئے بہت ضروری ہے۔ بارگاہ الٰہی میں صدق دل سے خشوع و خضوع کے ساتھ مناجات کرنے اور ہاتھ اٹھا کر دعائیں مانگنے کی فضیلت سے متعلق صحیح بخاری، مسلم اور ترمذی و ابن ماجہ میں ایسی بیسیوں حدیثیں ہیں۔ ان میں سے صرف چند حدیثوں کا ترجمہ ملاحظہ فرمایئے:

(۱) نبی کریمؐ نے فرمایا دعا مانگنا بعینہ عبادت کرنا ہے پھر آپ نے بطور دلیل قرآن کریم کی یہ آیت تلاوت فرمائی: (ترجمہ) "اللہ نے فرمایا ہے مجھ سے دعا مانگا کرو میں تمہاری دعا قبول کرونگا۔ بے شک جو لوگ (از راہ تکبر) مجھ سے دعائیں نہیں مانگتے عبادت سے سرتابی کرتے ہیں وہ ضرور جہنم میں داخل ہوں گے ذلیل و خوار ہو کر۔"

(۲) رسول اللہ نے فرمایا: قضا و قدر سے بچنے کے لئے کوئی تدبیر فائدہ نہیں دیتی۔ ہاں اللہ اس آفت و مصیبت میں بھی نفع پہنچاتا ہے۔ جو نازل ہو چکی اور اس مصیبت میں بھی جو ابھی تک نازل نہیں ہوئی اور بے شک بلا نازل ہونے کو ہوتی ہے کہ اتنے میں دعا اس سے جا ملتی ہے۔ پس قیامت تک (بلا اور دعا) میں کشمکش ہوتی رہتی ہے۔ (اور انسان دعا کی بدولت اس بلا سے بچ جاتا ہے۔)

(۳) خاتم المرسلینؐ نے فرمایا: جو شخص (از راہ تکبر) اللہ تعالیٰ سے دعا نہیں مانگتا اللہ اس سے ناراض ہوتا ہے۔

(۴) آں حضرتؐ نے ارشاد فرمایا: جو شخص یہ چاہے کہ اللہ تعالیٰ اس کی دعائیں سختیوں اور مصیبتوں کے وقت قبول فرمائے اس کو چاہیئے کہ فراخی اور خوشحالی میں بھی کثرت سے دعا مانگا کرے۔

(۵) رسول اکرمؐ نے ارشاد فرمایا کہ: دعا مومن کا ہتھیار ہے، دین کا ستون ہے اور

آسمان وزمین کا نور۔

جلیل القدر اولیاء کے ملفوظات میں اس بات کی وضاحت نہایت ہی تفصیل سے کی گئی ہے کہ اللہ کے بندوں کو زندگی میں پیش آنے والی مختلف ضرورتوں کے حل، بہت سی رکاوٹوں سے نجات اور اپنی کئی جائز تمناؤں کی حصول یابی کی حاجت ہوتی ہے۔ اسی طرح آسمانی وزمینی آفات، مشکلات، بلیلات، فتنہ وفساد اور قتل وغارتگری کے تدارک ودفع کی خاطر بے چین وبے قرار رہتے ہیں انہیں چاہئے کہ قرآنی دعاؤں کے ساتھ حسب موقعہ ایسی بے شمار دعائیں اور مناجات احادیث کی کتابوں میں موجود ہیں جو سرکار دوعالمؐ سے منقول ہیں انہیں بطور دعا پڑھیں اور ساتھ ہی ساتھ پیش آمدہ ان آفات کے انسداد کے لئے مناسب عملی جدوجہد بھی جاری رکھیں۔ چونکہ قرآنی دعائیں تو اللہ کا کلام ہیں ہی اور دعائیں ماثورہ حبیب اللہؐ کا کلام ہے۔ اس سے بڑھ کر پر اثر، مقدس اور معتبر کلام اور کس کا ہو سکتا ہے اس لئے ہدایت ہے کہ اپنی حسب ضرورت دعائیں اور مناجات قرآن اور ادعیہ ماثورہ ہی سے اخذ کر کے اور ان کے تراجم کو دل ودماغ میں رکھ کر نماز کے فوراً بعد مانگی جائیں۔ جن میں قبولیت کا اثر بدرجہ غایت موجود ہوتا ہے کیونکہ یہ اللہ ورسولؐ کا کلام تمام مقدس ہے۔

انفرادی طور پر ہر شخص کی ضروریات اور مشکلات مختلف ہوتی ہیں وہ اپنی دعائیں مسجد یا گھر میں علیحدہ طور پر مانگ سکتا ہے۔ لیکن امت اسلامیہ کے اجتماعی اعمال وکردار کے پیش نظر ان کی اجتماعیت کو مربوط ومستحکم کرنے کے لیے ہر باجماعت نماز کے بعد امام مسجد کو چاہئے کہ بہ آواز بلند نہایت ہی خشوع وخضوع کے ساتھ حسب ضرورت اجتماعی دعائیں مانگے اور دعا کے اختتام پر تمام مقتدی بہ آواز بلند آمین ثم آمین کہیں۔ یہ اجتماعی عمل نبی کریمؐ نے جنگ بدر، جنگ احد اور جنگ احزاب (خندق) کے علاوہ تمام

غزوات سے پہلے مجاہدین صحابہ کرامؓ کے ساتھ مل کر کیا ہے۔ یہ اجتماعی عمل سنت رسولؐ کی ایک بہت بڑی اور اہم کڑی ہے۔ جس میں قرآنی اسرار اور روحانی رموز کا ایک ایسا بحر بیکراں ہے جس کے اور چھور کا پتا چلانا مشکل ہے۔ کتب اور احادیث اور سیرت پاکؐ میں مرقوم ہے کہ ایسے قہر آلودہ حالات میں آپؐ نے ہر نماز فجر کے فرض نماز کی دوسری رکعت میں رکوع سے اٹھنے کے بعد کھڑے کھڑے دعائے قنوت نازلہ پڑھ کر سجدے میں جانے کی ہدایت کی ہے (مزید تفصیلات کے لئے اپنے امام مسجد سے پوچھ لیجئے) اجتماعی حمد و مناجات کا یہی تو وہ پراسرار فلسفہ ربانی ہے جس نے تمام دنیا کے مسلمانوں کو دور حاضرہ کے انتہائی تباہ کن حالات میں بھی اپنے ایمان ویقین پر قائم اور مستحکم رکھا ہے۔

اس ضمن میں اگر میں حسب ذیل افسوس ناک واقعہ یہاں نہ لکھوں تو یقیناً یہ ایک علمی خیانت ہوگی۔ قارئین اسے غور سے پڑھیں اور سوچیں کہ ہم تاریخ کے کس ہیبت ناک دور سے گزر رہے ہیں کہ ہمارا طریقہ عبادت اور اجتماعیت بھی اب دیگر اقوام کو کھٹکنے لگا ہے اور وہ ہمیں اس سے باز رکھنا چاہتے ہیں۔ اپنے حج بیت اللہ کے دوران ذی الحجہ ۱۴۲۳ھ ماہ فروری ۲۰۰۲ء میں مکمل ایک مہینے تک میرا قیام مکہ معظمہ میں رہا۔ مناسک حج کی تکمیل کے بعد میرے بیشتر اوقات کعبۃ الہ ہی میں گزرے۔ اس دوران جملہ نماز پنج گانہ بشمول نماز جمعہ امام کعبہ ہی کے اقتدا میں پڑھی۔ یہ عالمی سیاست کا ایک ایسا تکلیف دہ دور تھا کہ عراق پر امریکہ کے پہلے حملے کے زخم ابھی تازہ ہی تھے اور دوسرے تباہ کن حملے کی تیاریاں جاری تھیں۔ امریکی بمباروں سے افغانستان خون میں سراپا غلطاں ہو چکا تھا۔ فلسطین کے مسلمانوں پر صیہونی عذاب کی خبریں ہر روز اخباروں میں آرہی تھیں۔ ۲۸ فروری سے ہندوستان میں گجرات کے مسلمانوں کے قتل عام کی خبروں نے تمام زائرین حرم کو بے چین کر رکھا تھا۔ مذہب اور دل کا تقاضہ بھی تھا کہ نماز کے بعد امام کعبہ

بھی ان مصیبت زدہ مسلمانوں کی نجات اور راحت کے لئے رب کعبہ سے گڑ گڑا کر دعائیں مانگے لیکن میرے لئے یہ بات انتہائی روحانی اذیت کا باعث بنی رہی کہ امام کعبہ نے اس ایک مہینے میں کسی ایک نماز میں بھی اس عالمی قتل و غارت گری کے انسداد کے لئے اللہ تعالیٰ سے اجتماعی دعائیں نہیں مانگیں۔ امام کعبہ کی اس غیر متوقع اور غیر شرعی حرکت پر میں نے جب وہاں کے مقتدر و معتبر مقامی حضرات سے استفسار کیا تو انھوں نے بڑے رازدارانہ انداز میں بتایا کہ فروری ۱۹۷۹ء میں ایران میں اسلامی انقلاب آنے کے بعد اس کے اثرات کو وسیع ہونے سے روکنے کے لئے امریکہ نے سعودی حکومت کو سخت تاکید دی کہ حج بیت اللہ ہر مسلمان کی انفرادی عبادت ہے اسے عملاً و قولاً عالمی اجتماعیت سے بچائے رکھے۔ اس لئے اس تعلق سے کعبۃ اللہ میں اب اجتماعی دعائیں نہیں ہوتیں ! گویا سعودی حکومت نے کعبۃ اللہ میں بھی امریکہ اسلام نافذ کیا ہے۔ میں نے اپنی تازہ تصنیف "سرود جاوداں" کے صفحہ ۱۰۲ پر "حج بیت اللہ میں اجتماعی دعاؤں کی اہمیت" کے عنوان سے اس موضوع پر ایک توجہ طلب مضمون لکھا ہے۔

مناجات کی اہمیت اور اس کے روحانی اثرات سے متعلق سرکار مدینہ محمد مصطفی ﷺ کی حیات طیبہ میں کئی تاریخی واقعات موجود ہیں جن کا مطالعہ بہت ضروری ہے۔ اسی نقطہ نظر سے اس تاریخی واقعہ کو بھی پڑھیے جو آج کے حوصلہ فرسا اور پر فتن دور سے بڑی گہری مماثلت رکھتا ہے:

شوال ۵ھ میں مدینہ منورہ کے اطراف کے یہودیوں، منافقوں اور مکہ کے قریشیوں نے ایک بہت بڑا لشکر جرار لے کر مدینہ منورہ پر حملہ کر دیا یہ لشکر کفار عددی اور عسکری لحاظ سے اہل مدینہ کے مقابلے میں کئی گناہ بڑھ چڑھ کر تھا۔ نبی کریمؐ نے حضرت سلمان فارسیؓ کے مشورے سے شہر مدینہ کے اطراف خندق کھود کر مسلمانوں کو

شہر میں محصور و محفوظ کر لیا تھا۔ تاریخ میں یہ غزوۂ احزاب یا خندق کے نام سے مشہور ہے۔ ان احتیاطی تدابیر کے باوجود افواج کفار نے مسلمانوں کو ہر سمت سے کچھ ایسے انداز سے گھیر رکھا تھا کہ ان کی نقل و حرکت کرنا بھی مشکل ہو گیا تھا۔ ایسے مشکل اور ہمت شکنی حالات میں بھی اللہ رب العزت نے نہ صرف بذریعہ وحی حضورؐ پر مندرجہ ذیل آیات حمد و مناجات نازل فرمائی بلکہ حضورؐ اور مسلمانوں کی ہمت افزائی اور انہیں مصیبت میں ثابت قدم رہنے کی تلقین کرتے ہوئے یہ تاریخی خوش خبری بھی سنائی کہ یقین رکھو مسلمانوں کی سلطنت وسیع ہو کر ایک طرف روم اور دوسری طرف فارس تک پہنچ جائیں گی۔ قرآنی حمد و مناجات کی آیات یہ تھیں:

"(ترجمہ) اے اللہ! تو ہی ملک کا مالک ہے تو جسے چاہے ملک دے دیتا ہے اور جس سے چاہے ملک چھین لیتا ہے اور جسے چاہے عزت دیتا ہے اور جسے چاہے ذلت دیتا ہے۔ تیرے ہی ہاتھوں میں بھلائی ہے۔ بے شک تو ہی ہر چیز پر قادر ہے۔ تورات کو دن میں بدل دیتا ہے اور دن کو رات میں۔ تو زندہ کو مردہ سے نکالتا ہے اور مردہ کو زندہ سے اور جسے چاہتا ہے بے حساب رزق دیتا ہے۔" (العمران:۲۶۔۲۷)

سلطان مدینہؐ ہر نماز کے بعد یہ دعا بلند آواز سے بڑے خشوع و خضوع کے ساتھ پڑھتے تھے اور سارے مقتدی صحابہؓ آمین کہتے تھے۔

مورخین لکھتے ہیں کہ افواج کفار کے محاصرے کو ۲۵ دن سے زیادہ کا عرصہ ہو چکا تھا کہ حکم الٰہی سے اچانک ایک رات سخت آندھی آئی جس میں سردی اور کڑک اور چمک بھی غضب کی تھی اتنا اندھیرا تھا کہ ہاتھ کو ہاتھ نہ سجھائی دیتا تھا۔ آندھی کے زور سے دشمنوں کے خیمے الٹ گئے اور ان کے اندر شدید افراتفری برپا ہو گئی۔ قدرت خداوندی کا یہ کاری وار وہ سہ نہ سکے۔ راتوں رات ہر ایک نے اپنے گھر کی راہ لی اور صبح جب مسلمان

اٹھے تو میدان میں ایک بھی دشمن موجود نہ تھا۔

بالکل اسی انداز کا ایک اور تاریخی واقعہ ۱۴ویں صدی عیسوی کے معروف علامہ امام محمد بن محمد الجزری شافعی رحمۃ اللہ علیہ نے اپنی تالیف "حصن حصین" (مضبوط قلعہ) میں لکھا ہے کہ میری کتاب کی تالیف مکمل ہوتے ہی ہماری پر امن بستی اچانک خونخوار تیموری افواج کے نرغے میں آگئی۔ ہم ایک غیر فوجی چھوٹے سے قلعے میں محصور ہو گئے۔ قتل و غارت گری پر آمادہ تیموری فوج نے قلعے کو چاروں طرف سے گھیر لیا۔ اب قلعے میں پناہ گزیں نہتے لوگوں کے پاس اس مصیبت سے نجات پانے کے لئے سوا اس کے کوئی اور حل نہیں تھا کہ ہم بے چوں و چرا ظالم تیموریوں کے ہاتھوں قتل ہو جائیں کیونکہ نہ ہم فوجی مزاج کے لوگ تھے نہ مقابلے کے لئے ہمارے پاس آلات حرب تھے۔ اس بلائے ناگہانی سے نجات پانے کے لئے قلعے میں محصور لوگوں کے ساتھ میں نے بھی اپنی کتاب میں مرقومہ مناسب اور حسب حال دعائیں ماثورہ کا ورد شروع کیا اور اللہ تعالیٰ سے راہ نجات کے لئے اجتماعی دعائیں مانگتے رہے۔ ہماری مناجات کا اختتام کچھ اس طرح کی مناجات پر ہوا کرتا تھا۔

نحمدہ و نصلی علیٰ رسولہ الکریمؐ۔ اے اللہ تیرے یہ محتاج بندے کلمہ توحید کا وسیلہ لے کر تیری بارگاہ میں آئے ہیں۔ ہم تیرے کرم کے امیدوار ہیں تیرے سوا ہمیں اس ظالم اور مردم آزار افواج (تیموری) سے کوئی نجات نہیں دے سکتا۔ اس ناگہانی مصیبت میں ہم پر لطف و کرم فرما۔ ہم حمد و ثنا کرتے ہیں اس اللہ کی جس نے دعا کو قضا کے رد کرنے کا وسیلہ بنایا ہے۔ المختصر مولف کتاب کا کہنا ہے کہ ہمارا یہ اجتماعی عمل ہر شب جاری تھا کہ ایک روز خواب میں سردار انبیاؐ کی زیارت ہوئی۔ میں نے دیکھا کہ میں حضورؐ اقدس کے بائیں جانب بیٹھا ہوا ہوں (عربی روایات کے مطابق پناہ دہندہ جس شخص کو اپنی پناہ

میں لیتا ہے خود اس کی دائیں طرف ہو جاتا ہے اور اس کو اپنی بائیں جانب لے لیتا ہے) ہماری مصیبت کا حال پوچھنے پر میں نے نہایت ہی ادب سے کہا کہ حضورؐ ہم کمزور و ناتواں اس ظالم قوم کا مقابلہ نہیں کر سکتے ہمارے لئے ان مصائب سے نجات پانے کی اللہ سے دعا فرمایئے تو رسول اللہؐ نے ہمارے لئے دعا کی۔ جمعرات کی شب میں نے یہ خواب دیکھا اور اتوار کی رات کو نہ معلوم کیا ہوا کہ دشمن قلعے کا محاصرہ چھوڑ کر بھاگ گئے۔ (یہ واقعہ مختلف کتابوں میں مختلف تفصیلات کے ساتھ لکھا گیا ہے۔)

بہر کیف غزوۂ احزاب میں بغیر جنگ لڑے جب لشکر کفار میدان جنگ چھوڑ کر فرار ہو گیا اور سالار جنگ سلطان مدینہ محمد مصطفیؐ اور مجاہدین صحابۂ کرامؓ کو بھی اللہ تعالیٰ کی بروقت امداد غیبی پر سکون قلب حاصل ہوا تو مالک کائنات نے ان پریشان کن اور تکلیف دہ واقعات کی یاد دہانی کراتے ہوئے اللہ جل شانہ سے امداد طلبی کی افادیت کو واضح کرتے ہوئے سورہ احزاب کی ان آیات کو نازل فرمایا۔ ان آیات مقدسہ کا ترجمہ پڑھنے سے پہلے آپ ان کی شان نزول کو بھی ملاحظہ فرمائیں تاکہ مناجات کرنے والوں کے ذہن میں قانون الٰہی کی یہ شرطیں بھی آجائیں کہ اپنے مقاصد کی حصول یابی کے لئے حتی الامکان جدوجہد، ثابت قدمی، مومنانہ فراست و حکمت، بلا شک و شبہات اللہ کی داد گستری پر یقین اور حالات کے تقاضوں پر گہری نظر کا ہونا بھی ضروری ہے۔ جیسے سرور کائنات نے غزوۂ احزاب اور صلح حدیبیہ کے وقت اپنی مومنانہ فراست و حکمت کا مظاہرہ کیا تھا۔ اجتماعی مصائب اور آفات کو اجتماعی نقطہ نظر سے ہی دیکھنا چاہئے انفرادی جوش و خروش سے نہیں۔ اگر اس نقطہ نظر سے آپ ہندوستانی مسلمانوں کے مصائب اور عالم اسلام کی تباہی و بربادی کا گہرا مطالعہ اور محاسبہ کریں گے تو یہ جان کر بڑا افسوس ہو گا کہ ہمارے بیشتر مسائل اجتماعی فکر و نظر سے حل کرنے کی بجائے انفرادی انا اور بدحواس

جوش و خروش کے حوالے کئے گئے اور نتیجتاً سوا نقصان کے ہمارے ہاتھ کچھ نہ لگا۔ المختصر مناجات الٰہی میں ایمان باللسان کے ساتھ تصدیق بالقلب اور منزل مقصود کی سمت پر عزم گامزنی کا ہونا بہت ضروری ہے۔

سورۂ احزاب کی آیات کا شان نزول بھی ملاحظہ فرمایئے جو اس وقت کے منکرین دعا کی منافقانہ حرکتوں سے متعلق ہے۔ تمام مفسرین قرآن اور سیرت نگاروں نے مناجات کی روحانی اثر آفرینی کو ظاہر کرنے کے لئے اس واقعہ کو تفصیل سے بیان کیا ہے۔ بطور اختصار یہاں ہم "مشتے نمونہ از خروارے" کے مصداق مولانا سید ابولا علیٰ مودودی کی تفسیر تفہیم القرآن کا ایک مختصر سا اقتباس پیش کرتے ہیں جو ہمارے موضوع "مناجات کی اثر آفرینی" کے لئے کافی ہے:

"یہ آندھی اس وقت نہیں آئی تھی جبکہ دشمنوں کے لشکر مدینے پر چڑھ آئے تھے۔ بلکہ اس وقت آئی تھی جب محاصرے کو تقریباً ایک مہینہ گزر چکا تھا۔ نظر نہ آنے والی "فوجوں" سے مراد وہ مخفی طاقتیں ہیں جو انسانی معاملات میں اللہ تعالیٰ کے اشارے پر کام کرتی رہتی ہیں اور انسانوں کو ان کی خبر تک نہیں ہوتی۔ انسان واقعات و حوادث کو صرف ان کے ظاہری اسباب پر محمول کرتا ہے لیکن اندر ہی اندر غیر محسوس طور پر جو قوتیں کام کرتی ہیں وہ اس کے حساب میں نہیں آتیں، حالانکہ اکثر حالات میں انہی مخفی طاقتوں کی کارفرمائی فیصلہ کن ثابت ہوتی ہے۔ یہ طاقتیں چونکہ اللہ تعالیٰ کے فرشتوں کی ماتحتی میں کام کرتی ہیں، اس لئے "فوجوں" سے مراد فرشتے بھی لئے جاسکتے ہیں۔"

یہ آندھی تو بحکم الٰہی دشمنوں کے محاصرے کے دوسرے یا تیسرے دن بھی آسکتی تھی لیکن اللہ تعالیٰ کو چونکہ ان کمزور ایمان والوں کو جانچنا اور منافقین کی حرکتوں کو اجاگر کرنا تھا (جیسا کہ عراق پر امریکہ کے حملے کے دوران ہماری آنکھوں میں بے بسی کے آنسو

اور بیشتر عرب مملکتوں کے لب پر برادران یوسفؑ کی طرح کامیابی کی منافقانہ مسکراہٹ نمایاں تھی) جو مجاہدین اسلام کی صفوں میں گھس کر فکری انتشار پھیلا رہے تھے اور قرآن کی دعائیہ آیات کو مضحکہ خیز بتا کر مسلمانوں کو محاذ جنگ سے پرے ہٹ کر اپنے اپنے گھروں کو لوٹ آنے کی ترغیب دے رہے تھے۔ یہاں تک کہ مختلف بہانے بتا کر کئی لوگ اس اندیشے کے پیش نظر صادق العقیدہ مسلمانوں کی صفوں سے یہ کہہ کر نکل آئے کہ اب مسلمانوں کو افواج کفار کے ہاتھوں شکست فاش سے کوئی بچا نہیں سکتا اور یہ کہ سرور عالم سرکار مدینہؐ مجاہدین اسلام کو ایسے تشویشناک حالت میں بھی روم و فارس فتح کرنے کی جو خوش کن پیشن گوئیاں کر رہے ہیں وہ محض (نعوذ باللہ) دھوکا اور فریب ہے۔ دعا مناجات کے منکرین موجودہ دور میں بھی یہی حرکتیں کر کے سادہ لوح مسلمانوں کو بہکا رہے ہیں کہ اب دعا و مناجات میں اثر نہیں رہا لیکن یہی لوگ قبولیت دعا و مناجات کی شرعی شرائط سے نہ واقف ہیں اور نہ اس کی تعلیم دیتے ہیں انھی کے لئے علامہ اقبال نے کہا ہے کہ:

"رہ گئی رسم اذاں روح بلالی نہ رہی"

مذکورہ قرآنی آیات کا ترجمہ یہ ہے:

"اے لوگو! جو ایمان لائے ہو یاد کرو اللہ کے احسان کو جو (ابھی ابھی) اس نے تم پر کیا ہے جب لشکر تم پر چڑھ آئے تو ہم نے ان پر ایک سخت آندھی بھیج دی اور ایسی فوجیں روانہ کیں جو تم کو نظر نہ آتی تھیں۔ اللہ وہ سب کچھ دیکھ رہا تھا جو تم لوگ (کھلے چھپے) اس وقت کر رہے تھے۔ جب وہ اوپر سے اور نیچے سے (یعنی اوپر نجد اور خیبر اور نیچے مکہ معظمہ) تم پر چڑھ آئے۔ جب خوف کے مارے آنکھیں پتھرا گئیں۔ کلیجے منہ کو آ گئے اور تم لوگ اللہ کے بارے میں طرح طرح کے گمان کرنے لگے۔ اس وقت ایمان

لانے والے خوب آزمائے گئے۔" بارگاہ الٰہی میں بصد خلوص، مناجات کرنے اور اس مجیب الدعوات کی جانب سے شرف قبولیت حاصل کرنے والے یہ چند تاریخی واقعات تھے جو قارئین کی طمانیت قلب کی خاطر یہاں پیش کئے گئے ہیں۔ اگر رسالے کے صفحات میں اتنی گنجائش، راقم الحروف کے قلم میں توانائی اور اس کے قبضہ قدرت میں حسب ضرورت ایسی ہی فرصت کی فراوانی ہوتی تو اللہ کے مقربین و صالحین کے ملفوظات سے ایسے سینکڑوں تاریخی واقعات اخذ کر کے یہاں پیش کئے جاسکتے تھے۔ لیکن اب ہم دعا اور حمد و مناجات کے ان خارجی پہلوؤں کو نمایاں کرنے کے بعد ان کے داخلی روحانی گوشوں پر روشنی ڈال کر اپنی بات کو مختصر کرنا چاہتے ہیں۔ اگر آپ کسی بھی حمد و مناجات کو غور سے پڑھیں گے تو ان کے طرز بیان میں ایک خاصی قابل قدر روحانی بات آپ کو نظر آئے گی کہ قرآن حکیم اور رسول اللہؐ کی بیشتر دعائے مسنونہ کا آغاز لفظ "اللّٰھُم" یا "ربنا" سے ہوا ہے۔ دونوں الفاظ کے معنی اے ہمارے پیارے اللہ ہے اور مناجات میں حمد و ثنا کو شامل کرنے کے لئے حسب حال اسماء الحسنی کو بھی داخل کیا گیا ہے۔ یہی حمد و مناجات کے ایسے روحانی سرچشمے ہیں جن سے فیوض و برکات کی نورانی کرنیں ہمیشہ جھلکتی رہتی ہیں اور اہل دعا انہی سے فیضیاب ہوتے رہتے ہیں۔ آیئے ہم ان الفاظ کے روحانی رموز کو بھی سمجھنے کی کوشش کریں گے:

اسماء الحسنیٰ: یہ اللہ تعالیٰ کے صفاتی نام ہیں جن کا ذکر قرآن و حدیث میں بھی آیا ہے۔ عام طور پر ان کی تعداد ۹۹ پر سب علمائے دین کا اتفاق ہے۔ جبکہ بعض علماء کے نزدیک یہ تعداد ۱۵۸ سے لے کر ایک ہزار تک بھی ہے۔ قرآن مجید میں ان ناموں کے بارے میں ارشاد ہے:

"اللہ کے سب نام اچھے ہیں اس لئے اسے اچھے ہی نام سے پکارو۔" (اعراف:۱۸)

یہ تمام نام اللہ کی ذات لاشریک ہی کی غمازی کرتے ہیں۔ اسلام وہ پہلا مذہب ہے جس نے خدائے واحد کی ذات کی تبلیغ کی اور اسے "اللہ" کہا یہ اس کا ذاتی نام ہے۔ امام غزالیؒ اس بات کو بہتر نہیں سمجھتے کہ اللہ تعالیٰ کے جو صفاتی نام قرآن و حدیث میں مروج ہیں ان کے علاوہ بھی کوئی بندہ اپنی جانب سے کوئی نیا صفاتی نام تشکیل دے۔ اس میں خطرہ ہے۔ اسماء الحسنیٰ کے شارحین اور صوفیائے کرام کی ہدایت ہے کہ مناجات کرتے وقت بندہ اپنے حسب حال اللہ کے صفاتی ناموں کو بھی حمد و ثنا کے طور پر مناجات میں شامل کرے۔ عربی کے علاوہ اپنی زبان میں بھی حمد کی جا سکتی ہے مگر اس کے لب و لہجہ میں خشوع و خضوع کے ساتھ عاجزی و انکساری بھی ہو مصنوعی پن اور بے دلی نہ ہو کیونکہ اللہ کی حمد و ثنا بھی دعا ہی کا جزو ہے۔ علم الٰہیات میں دعا ایک ایسی صنف ہے جس کے متعلق تاکیداً کہا گیا ہے کہ غیر اللہ کو سجدہ کرنا ہی شرک نہیں بلکہ خدا کے سوا کسی دوسری ہستی سے دعا مانگنا یا اس کو اپنی مدد کے لئے پکارنا بھی شرک ہے کیونکہ دعا کرنا بھی عبادت ہے۔ دعا کا قبول ہونا یا نہ ہونا بالکل خدا کی مرضی پر منحصر ہے۔ اس بات پر اہل دعا کا ایمان و یقین ہونا بہت ضروری ہے البتہ بندے کو چاہئے کہ وہ اللہ سے ہمیشہ اچھا گمان اور خیر کی توقع رکھے اس لئے کہ رحمن و رحیم اللہ کی پر عظمت اور کریمانہ صفات ہیں۔

ال۔۔ لّٰ۔۔ ہ: قرآن حکیم کی بیشتر دعائیں اسی کلمہ (اللّٰھُمَّ) سے شروع ہوتی ہیں چونکہ یہ خالق کائنات کا ذاتی نام (اللہ) ہے اس لئے ہر ایک دعا اور مناجات میں اس کی حیثیت مرکزی قوت (Power Generator) جیسی ہوتی ہے۔ اس کے معنی ہیں اے تمام تر اعلیٰ و اکمل صفات کے مالک، اس لئے یہ کلمہ بظاہر تو صرف کلمۂ ندا ہے۔ مگر در حقیقت اللہ جل شانہ کی اعلیٰ درجہ کی تعریف اور حمد و ثنا بھی ہے اور انتہائی عجز و انکسار کا بھی اس میں اظہار ہے اسی لئے اللہ تعالیٰ نے حمد و ثنا کے اہم ترین مواقع پر اپنے نبی علیہ

الصلوٰۃ والسلام کو اسی کلمے کے پڑھنے کا حکم دیا ہے۔ ارشاد ہے :اللھم مالک الملک توتی الملک من تشاء۔ یہ نام ہے اس مالک کائنات کا جو ازل سے ہے اور ابد تک رہے گا۔ قرآن حکیم میں یہ نام ۲۶۹۷ بار مذکور ہوا ہے۔ اللہ کے مقربین بندوں نے اس نام کی ایک عجیب و غریب اور ایسی خاصیت بھی بتائی ہے جو دنیا کی کسی اور زبان کے لفظ میں نہیں ملتی:

"اس اسم ذات کا ایک ایک حرف اللہ کے ذاتی نام کی طرف ہی جاتا ہے۔ جیسے "اللہ" کا الف گرادینے سے "لِلہ" رہ جاتا ہے اور "لِلہ" کا لام گرادینے سے "لَہ" بن جاتا ہے اور "لَہ" کا لام گرادینے سے صرف "ہ" رہ جاتا ہے۔ یعنی وہ ذات غیب الغیب جو لفظ، حرف اور معنی و خیال سے پاک ہے۔"

اس لئے بیشتر محققین دین اس اسم ذات کو اسم اعظم تسلیم کرتے ہیں کیونکہ مذکورہ بالا صفت اللہ کے صفاتی ناموں میں بھی نہیں ہے اگر ان میں سے اس طرح حرف گرا دئے جائیں تو وہ اسم بے معنی ہو جاتا ہے۔ جیسے "رحیم" کی رے اور "کریم" کا کاف اسی لئے بقول حضرت علی کرم، اللہ کے ذاتی نام کے بارے میں دیگر تمام وصفی نام متحیر ہیں اور زبانوں کے قواعد گم ہو کر رہ گئے ہیں۔ اسی لئے صوفیائے کرام کے کئی سلسلوں میں اسی نام کو عظیم ترین حمد و مناجات اور اسم اعظم قرار دے کر دل کی کثافتوں کو دور کرنے اور روحانی لطافتیں حاصل کرنے کے لئے اپنے پیروکاروں کو روز و شب ہر سانس میں اسی نام کے ورد کرنے کا درس دیا جاتا ہے۔ جس کی ترکیب یوں بتائی جاتی ہے کہ سانس اندر لیتے وقت صرف "اللّٰ" کہیں اور وہی سانس باہر چھوڑتے وقت اس نام کا بقیہ "ہ" اس طرح دہرائیں کہ قریب بیٹھنے والے کو بھی یہ معلوم نہ ہو کہ ذکر اللہ جاری ہے۔ اللہ کے مقربین و صالحین صوفیائے کرام نے اسی عمل کو کہیں ذکر قلبی یا ذکر حق کہا ہے تو کہیں ذکر خفی کا بھی نام دیا ہے کیونکہ یہ عمل بلا کسی تکلیف اور تکلف کے جاری رہتا ہے اور کوئی

شے اس کے کرنے میں مانع نہیں ہوتی۔ حضرت فرید الدین عطارؒ اسی کی تعریف میں کہتے ہیں:

ذکر حق آمد غذا ایں روح را
مرہم آمد ایں دل مجروح را
اللہ کا ذکر اس روح کے لئے غذا ہے
اور اس زخمی دل کے لئے مرہم ہے

اور حضرت مولانا رومیؒ فرماتے ہیں:

خود چہ شیرین ست نام پاک تو
خوشتر از آب حیات ادراک تو
تیرا پاک نام خود کتنا میٹھا ہے
اور تیرا ادراک آب حیات سے بدرجہا اچھا ہے

قرآن و حدیث کے حوالے سے خاقانیؒ کا یہ اعتراف ہے کہ:

پس از سی سال ایں معنی محقق شد بخاقانی
تیس سال بعد یہ حقیقت خاقانی پر ظاہر ہوئی
دے باباد حق بودن بہ از ملک سلیمانی
کہ ایک پل کے لئے اللہ کا ذکر کرنا ملک سلیمان سے بہتر ہے

اسی طرح حضرت سعدیؒ اور حکیم سنائی نے بھی اللہ کے نام کو ہی بذات خود بہترین حمد و مناجات کہا ہے اور اسی کو "سلطان الاذکار" کے نام سے یاد کیا ہے۔ عربی زبان میں یہ لفظ (اللہ) اسلام سے پہلے کسی اور ہستی کے لئے کبھی استعمال نہیں ہوا۔ یہ بھی اسی لفظ کا اعجاز ہے کہ کلمۂ طیبہ لا الہٰ الا اللہ کے تمام حروف اور الفاظ اسی نام سے نکلتے ہیں۔ اللہ کی

ذات مطلق سے متعلق خلق قرآن کا تاریخی فتنہ سرد ہونے کے بعد بھی یونانی فلسفہ اور عجمی اثرات نے اگرچہ مسلمانوں کو صراط مستقیم سے بھٹکانے کی حتی الامکان کوششیں کیں لیکن دعا دیجئے ہمارے علمائے دین مبین، مفسرین قرآن، محدثین عظام اور ائمہ اربعہ کو جن کی تعلیمات نے بروقت امت اسلامیہ کی رہبری کی اور اپنی ذمہ داریوں کو بحسن وخوبی نبھایا۔ اب جدید سائنس نے بھی اس امر کا اعتراف کر لیا ہے کہ موجودہ دور میں ہر نئی تحقیق سابقہ سائنسی مفروضات کی نفی کرنے لگی ہے اس لئے اب سائنس کے کسی بھی اصول اور قوانین کو حتمی حیثیت حاصل نہیں ہے۔ اب تک جنہیں اللہ کے وجود سے بھی انکار تھا وہ بھی وجود خالق کائنات کو تسلیم کرنے لگے ہیں۔ ان میں البرٹ آئن سٹائن، مشہور فلسفی جوڈ اور کئی ملحد سائنس داں بھی شامل ہیں۔ قرآن مجید کے پیش کردہ تصور الوہیت اور اسماء الحسنیٰ کو صفات الٰہیہ سے تعبیر کرنے سے ذات باری کا ایک ایسا تصور قائم ہو جاتا ہے جو ہر لحاظ سے مکمل، مرغوب، مطلوب اور ادراک و وجدان کے مطابق ہے اور اس طرح ایمان باللہ ایک اصول حیات کی صورت میں دلوں میں گہری جگہ پالیتا ہے۔

لفظ اللہ سے متعلق قرآن واحادیث کی ان تشریحات کی روشنی میں سوچئے کہ کوئی مصیبت زدہ بندہ اگر اپنی لاعلمی کی وجہ سے صرف اتنا بھی کہہ دے کہ "یا اللہ !میری مدد فرما" تو گویا اس نے اللہ کی حمد و مناجات کی اور اس مالک حقیقی کو اپنی امداد کے لئے پکارا جس کے ذاتی وصفاتی نام قرآن نے گنوائے ہیں۔

یہی وجہ ہے کہ لفظ "اللہ" باشعور مسلمانوں کی روزمرہ کی زندگی اور اسلامی معاشرے کی تہذیب وتمدن پر ایسا چھایا ہوا ہے کہ اگر کہیں اس کا خاطر خواہ عکس نظر نہ آئے تو دینی فکر و نظر کے حامل لوگ ان بے شعور لوگوں کے معیار دین و تہذیب کو شک

و شبہات کی نظروں سے دیکھنے لگتے ہیں کیونکہ اس کا مظاہرہ صرف "السلام علیکم و رحمۃ اللہ اور و علیکم السلام و رحمۃ اللہ و برکاتہ" پر ہی ختم نہیں ہوتا بلکہ اسلامی معاشرے کا یہ خاصہ ہے کہ * کسی کام کی ابتدا کرے تو کہے، بسم اللہ۔ * وعدہ کرے تو کہے، انشاء اللہ۔ * کسی خوبی کی تعریف کرے تو کہے، سبحان اللہ۔ * کوئی تکلیف پیش آئے تو کہے، جزاک للہ۔ * کسی سے اپنی خیر و عافیت کا ذکر کرے تو کہے، الحمد اللہ۔ * جانے انجانے میں گناہ سرزد ہو تو کہے، استغفر اللہ۔ * کسی کو رخصت کرے تو کہے، فی امان اللہ، * نازیبا کلمات زبان و قلم پر آئے تو کہے، نعوذ باللہ اور * اگر کسی کی موت کی خبر سنے تو کہے، انا للہ و انا اللہ راجعون۔ وغیرہ وغیرہ۔

دعا میں سید الانبیاؐ کا وسیلہ: دراصل یہ کوئی متنازعہ فی مسئلہ نہیں ہے کہ بارگاہ الٰہی میں دعا اور مناجات حبیب اللہ محمد مصطفی کے وسیلے سے کی جائے یا نہیں؟ جو لوگ علم "توحید و رسالت" کی گہرائی و گیرائی اور اس کی بصیرت سے ناآشنا ہیں وہی لوگ نہ صرف دعا کے منکر ہیں بلکہ دعا میں رسول اللہؐ کا وسیلہ یا سفارش سے بھی انکار کرتے ہیں جبکہ حدیث میں ہے کہ حضورؐ نے فرمایا: "دعا اللہ تعالیٰ سے حجاب میں ہے جب تک مجھ پر درود نہ بھیجا جائے۔" (بیہقی) دعا میں حضورؐ کا وسیلہ تو ہمارے ائمۂ اربعہ اور صالحین و صدیقین کا اسوۂ حسنہ ہے۔ دعا میں نبی کریمؐ (جن پر اللہ اور اس کے فرشتے بھی درود و سلام بھیجتے ہیں) کا وسیلہ لینا بعینہ اسی طرح کا ہے جیسے خانہ کعبہ کی عمارت خالق و مخلوق کے درمیان عبادت کے لئے رابطہ ہے۔ توحید و رسالت کے یہ روحانی نکات جن کی سمجھ سے بعید ہیں انہیں صرف یہ مختصر سی بات کہہ کر یہ دقیق موضوع ختم کیا جاتا ہے کہ دعا میں حضورؐ کا وسیلہ نبی کریمؐ کی تعظیم، رسول اللہؐ کی محبت، ختم المرسلین کی الفت اور سرکار مدینہؐ سے وارفتگی کا اظہار دراصل خوشنودیِ پروردگار ہے۔ اس کے بغیر دعاؤں کو بھی شرف قبولیت حاصل

نہیں ہوتا اس کے مستند شرعی ثبوت خود ہمارے امام اعظم حضرت ابو حنیفہؒ کے مندرجہ ذیل چند نعتیہ اشعار ہی کافی ہیں:

انت الذی لما توسل آدمؑ
من زلتہ بک فاروھو ابک

آپؐ وہ ہیں کہ جب حضرت آدمؑ نے آپؐ کا توسل اختیار کیا اپنی لغزش معاف کرنے میں تو کامیاب ہوگئے۔

وبک الخلیل دعافعادث نارہ
برداوقد خمدث بنور سناک

اور آپؐ ہی کے وسیلے سے حضرت ابراہیمؑ نے دعا کی تو ان کی آگ سرد ہوگئ وہ آپ کے نور کی برکت تھی۔

وکذاک موسیٰؑ لم یزل متوسلاً
بک فی القیمٰۃ محتمی بحماک

اور اسی طرح حضرت موسیٰؑ بھی آپ کاؐ وسیلہ اختیار کرتے رہے اور قیامت میں بھی آپؐ کی حمایت طلب کریں گے۔

خیال رہے کہ حدیث رسولؐ کے مطابق نور محمدؐ کی تخلیق حضرت جبریلؑ و آدمؑ سے پہلے ہو چکی تھی۔ اسی بات پر مزید ثبوت کے لئے یہ اقتباسات بھی ملاحظہ فرمایئے کہ سردار اولیا حضرت غوث الاعظمؒ بھی اپنی نعت پاک میں شفاعت کے لئے حضورؐ کا وسیلہ طلب کرتے ہیں:

ہر کس بہ جہاں گناہگار ست
گشتہ بہ شفاعت تو مغفور

دنیا میں سبھی گنہگار ہیں آپؐ کی شفاعت ہی سے وہ بخشے جائیں گے۔

گناہ بے حد من ہیں تو یا رسول اللہ
شفاعتے بکن وہ محو کن خیالاتم

یارسول اللہ میں بے حد گنہگار ہوں میری شفاعت فرمایئے اور میرے وسوسوں کو ختم کیجئے۔

المختصر اللہ تعالیٰ سے دعا میں رسول اللہؐ کا وسیلہ لینا ہی علم الٰہیات کا ایسا جامع و بلیغ اور عظیم فلسفہ ہے جس نے کفر و شرک کے در آنے کی تمام راہیں بند کر رکھی ہیں۔

دعائیں روحانی قوتوں کا سرچشمہ ہیں: یہ کہنا زیادہ صحیح نہیں ہے کہ کچھ لوگ دعا سے یکسر انکار کرتے ہیں۔ دراصل موجودہ دور میں یہ رجحان ہمارے چند مذہب بیزاران ادباء و شعرا کی دین ہے جو ادب میں جدیدیت اور ترقی پسندی کا پرچم لہرائے ہوئے نوجوان نسل کو اس طرح کی فکر و نظر دیتے رہتے ہیں کہ:

"وہ (بے دین) لوگ جب بیدار ہو گئے تو انھوں نے چاند ستاروں پر کمندیں ڈالیں اور جب آپ (اہل دین) خواب غفلت سے بیدار ہوئے تو صرف دعا کے لئے اپنے کندھوں تک ہاتھ اٹھا کر رہ گئے۔"

اس طرح دعا سے متعلق مغربی مادہ پرستی اور روس کی اشتراکیت سے متاثر نوجوانوں میں یہ ذہنی مرض پیدا ہوا کہ دعا مذہبا یا خانقاہی نظام کا ایک ایسا جمود پرور نشہ ہے جو آدمی کو کارزار زندگی میں بے عمل اور جدوجہد سے عاری بنا کر ناکارہ کر دیتا ہے۔ دعا سے متعلق اگر آپ ایسے منفی رجحانات رکھنے والوں کا نفسیاتی مطالعہ کریں گے تو یہ پوشیدہ حقائق بھی نمایاں ہو جائیں گے کہ مسلم نوجوانوں میں یہ ذہنی مرض موجودہ دور کی مسلمانوں کی پسماندگی، اجتماعی طور سے ہر محاذ پر شکست فاش، کھلے عام مسلمانوں کی تباہی و بربادی اور

اللہ تعالیٰ کی جانب سے رحمتوں کے نزول سے یکسر مایوسی، قنوطیت اور احساس کمتری سے پیدا ہوا ہے اور وہ یہ سوچنے پر تقاضائے بشری کے تحت مجبور ہو گئے ہیں کہ یہ دعا، استغفار اور اللہ تعالیٰ سے امداد طلبی بے سود اور تضیع اوقات ہیں۔ حالانکہ یہی وہ لوگ ہیں جنھوں نے مسلمانوں کی موجودہ اجتماعی مایوسی، معاشی بدحالی، معاشرتی گمراہی، سیاسی بے وقعتی اور علم و عمل میں پسماندگی کا مطالعہ قرآن و حدیث کی روشنی میں کبھی نہیں کیا ہے۔ انہیں یہ بھی معلوم نہیں کہ اللہ کی رحمتوں سے ناامیدی بقول قرآن کفر و گمراہی ہے۔ ان کا اس پر بھی ایمان و یقین نہیں ہے کہ وہ مستجیب الدعوات ہی حل المشکلات، دافع البلیات، قاضی الحاجات اور مسبب الاسباب ہے۔ وہ اس حقیقت سے بھی ناواقف ہیں کہ موجودہ دور کی ہزاروں بربادیوں کے نرغے میں گھرے ہونے کے باوجود یہ امت مسلمہ اپنے اسلامی تشخص کے ساتھ آج جس حال میں بھی زندہ ہے اور اسی نظام حیات کے ساتھ زندہ رہنے کی جدوجہد جاری رکھے ہوئے ہے۔ یہ چند صالحین و صادقین اور مخلص لوگوں کی دعاؤں کا طفیل ہے جو اللہ کی رحمتوں کے نزول کا سلسلہ جاری رکھے ہوئے ہیں۔ ورنہ اس کرۂ زمین پر مسلمانوں کے علاوہ اگر کسی اور قوم وملت پر ایسے ہی مصائب ٹوٹتے جو ہم پر کھلے عام ہو رہے ہیں تو وہ قوم کبھی کی بے نام ونشان ہو کر رہ جاتی۔

بہر کیف یہ دعائیں ہی اجتماعی زندگی کی وہ شاہ کلید ہے جو بندوں کو عمل اور جدوجہد کے لئے ذہنی، جسمانی، نفسیاتی اور روحانی طور پر ترغیب دلاتی رہتی ہیں۔

* دعائیں پاکیزگی کو پھیلاتی اور برائیوں کو روکتی ہیں۔
* بقول قرآن حکیم دعائیں تقدیریں بدلنے کی بھی قوت رکھتی ہیں۔
* مصائب میں دعاؤں سے بڑھ کر کسی بات میں یہ وصف نہیں ہے جو آپ کو صبر کی قوت اور سکون قلب عطا کرے۔

* دعائیں گمراہی سے روک کر صراط مستقیم کی سمت رہنمائی کرتی ہیں
* دعائیں ان مصائب سے بھی آپ کی حفاظت کرتی ہیں جن کے وارد ہونے کا آپ کو علم نہیں ہے۔
* مومنانہ فہم و فراست دعاؤں کی روحانی دین ہے۔

***

ڈاکٹر محمد بشیر الدین

حمد و مناجات کی تاریخی، تہذیبی اور فنی اہمیت

حمد و مناجات کا متبادل انگریزی کے کئی الفاظ وضع کیے گئے ہیں۔ Praise of God اور Hymn یا پھر Psalm ہے جن کے مفہوم میں غالباً یکسانیت ہے۔ ان کا لفظی معنی (Literal Meaning) یا حتمی تعریف ثنائے رب کریم ہے۔

اللہ کی تعریف و توصیف ہر زمانے میں ہوتی رہی ہے۔ یہ ایک لامتناہی سلسلہ ہے۔ اللہ کی ذات کا انکار کرنے والا حلقہ جس کا اپنا باضابطہ فلسفہ ہے کہ مادہ (Physical Substance) ہی سب کچھ ہے۔ اس سے پرے کچھ نہیں۔ وہ مزید کہتا ہے First and last in matter علامہ اقبال نے اس فلسفے کا مدلل جواب دیا اور اس ملحد (Atheist) جس کو خود آنے والے خدا کے وجود سے چڑ تھی کو بارگاہ ایزدی میں لا کھڑا کیا۔ موصوف کی مشہور نظم "لینن خدا کے حضور میں" اس دعوے کی توثیق کرتی ہے۔

آج کل عالم میں آبادی کے لحاظ سے ایک نمبر پر عیسائی مذہب کے ماننے والے ہیں تو دوسرے نمبر پر اللہ کی وحدانیت اور اس کے رسولؐ کے پیروکار ہیں جو مسلمان کہلاتے ہیں۔ یہ نمبر دو جو ایک کے بالکل قریب ہے۔ کہیں ایک کی جگہ نہ لے لے، اس کا خدشہ امریکہ کے صدر جارج بش کو ہے جس نے دن کا چین اور رات کا سکون چھین لیا ہے۔ لفظ اسلام سے اس کے رونگٹے کھڑے ہو جاتے ہیں۔

اللہ رب العزت یعنی خدا کو انگریزی میں God کہتے ہیں۔ اس سہ حرفی لفظ کا معنی مفسرین کے مطابق G یعنی Generator، O یعنی Operator، D یعنی Destructor مطلب یہ کہ خدا خالق، پالنہار اور قہار یعنی تخریب کار بھی ہے۔ پھر ہندو دھرم میں اس کے متعدد ناموں میں ایک نام "نارائن" ہے۔ سنسکرت کے اس لفظ کا اشتقاق کچھ یوں ہے۔ قواعد کے رو سے اس کے دو ٹکڑے "نار" اور "آئن" ہوتے ہیں۔ "نار" بمعنی پانی اور "آئن" بمعنی متحرک۔ ڈاکٹر یحییٰ نشیط کے مطابق ادیان سنسکرت نے اس کا معنی قرآن کی آیت "وکان عرشہ علی الماء" (خدا کا عرش پانی پر ہے) سے ملا دیا ہے۔ اس ترکیب کے دوسرے معنی بھی دستیاب ہیں۔ مثلاً "نار" بمعنی آگ اور "آئن" بمعنی ہالہ، گھیرا یعنی نور کے ہالے والا۔ اس معنی کے رو سے بعض نے "اللہ نور السمٰوت والارض" سے ملا دیا۔ مطلب یہ کہ ثنائے رب جلیل کے عالم انسانیت کے جذبے اور رویے میں یکجہتی اور یکسانیت کے آثار پہلے سے ہی موجود ہیں۔ تفریق و امتیاز محض مختلف مذاہب کے ماننے والوں کے عقائد میں ہے۔ لیکن سبھی کے عقائد خداوندی میں تلاش وحدت ہی ہے۔

کہا جاتا ہے کہ حمد و نعت کوئی باضابطہ صنف سخن نہیں لیکن عربی کا لفظ "حمد" اللہ تعالیٰ کی تحمید و تمجید کے لیے مختص ہو گیا ہے۔ جس کے لیے حمدیہ شاعری نے ایک مستقل صنف سخن کی صورت اختیار کرلی ہے۔ عربی، فارسی ہی نہیں دیگر زبانوں میں بھی اس کا ذخیرہ موجود ہے۔ حمد و مناجات کا اپنا کوئی مخصوص فارم نہیں ہے۔ یک موضوعی صنف ہونے کے چلتے غزلیہ ہیئت کے علاوہ قصیدہ، مثنوی، قطعہ، رباعی، نظم، آزاد غزل، مخمس، مسدس، مثلث، مربع، ثلاثی، دوہے، سانٹ، ترائیلے اور ہائیکو جیسی اصناف میں بھی حمدیہ و مناجاتی شاعری ہو رہی ہے۔ لیکن غزلیہ ہیئت کو دیگر اصناف کے مقابلے میں زیادہ

شہرت ملی ہے۔

خدا کسی چیز کا محتاج نہیں دنیا کی ہر شئے اسی کے قبضۂ قدرت میں ہے۔ لہٰذا وہ خالق العالمین، مالک العالمیں اور رب العالمیں ہے۔ یہ کل عالم جتنا حسین نظر آتا ہے۔ دراصل اتنا حسین نہیں تھا۔ اللہ نے آدم کی تخلیق کر کے تخلیقی صلاحیت انسانوں کو بھی ودیعت کر دی ہے اور اسی صلاحیت کی بنیاد پر بنی نوع انسان نے اس کائنات کی خوبصورتی میں مزید اضافہ کر دیا۔ اللہ نے اپنے بندے کو محتاج محض نہیں بنایا بلکہ ترقی کے لامحدود امکانات سے نوازا ہے۔ رنگینیِ کائنات میں انسان کی حصہ داری بھی مسلم ہے۔ اس امر سے انکار کی بہر حال گنجائش نہیں۔ بقول اقبال:

تو شب آفریدی چراغ آفریدم

لاریب خدا سب سے بڑا ہے۔ کائنات کا مکمل نظام اس کے تابع ہے۔ اگر وہ چاہتا تو اشرف المخلوقات کو نباتات، جمادات اور حیوانات کی شکل میں خلق کر سکتا تھا۔ لیکن اس نے ایسا نہیں کیا۔

اس سے اس امر کا از خود انکشاف ہو جاتا ہے کہ اللہ کو بندے سے کتنی محبت ہے۔ بظاہر وہ دکھائی نہیں دیتا لیکن بظاہر قدرت میں وہ جلوہ فرما نظر آتا ہے۔ یہ کائنات اسی کے دم کا ظہور ہے۔ تحت الثریٰ سے عرش علیٰ تک جو کچھ ہے اسی کا ہے۔

عام چلن ہے کہ ہر کام کا آغاز خدا کے نام سے باعث برکت و رحمت ہے۔ قرآن کریم جیسی مقدس کتاب کا آغاز بھی اللہ کے نام سے ہوا ہے۔ سورہ فاتحہ میں اپنی تعریف کے طریقے کو بالکل واضح کر دیا ہے۔ کچھ بھی مبہم نہیں رکھا ہے۔ سب سے پہلے عبد و معبود کے درمیان امتیاز کرتے ہوئے بتایا ہے کہ بندہ پہلی فرصت میں اپنے رب کی ربوبیت کا اعتراف کرے یعنی اس کی ذات و صفات کا برملا اظہار و اقرار صدق دل سے

کرے۔ پھر عبادت و اعانت اور فتح و نصرت کے لیے محض اسی کو حامی و مدد گار سمجھ کر اسی کی عظمت کا اعتراف کرے اور صراط مستقیم یعنی سیدھی راہ پر قائم رہنے کی پر خلوص استدعا کرے جس پر انعام یافتہ ہستیاں چلی ہیں اور گمراہ لوگوں کی راہ پر نہ چلنے کی دعا کرے جنھیں مغضوب بنایا گیا۔ سورہ فاتحہ کی عظمت کا اندازہ اس سے بھی لگایا جا سکتا ہے کہ ہر نماز میں اس کے بعد ہی کوئی سورہ پڑھی جاتی ہے۔

حمد کا تعلق خالق کائنات کی تعریف و توصیف سے ہے، سورہ فاتحہ میں جتنے موضوعات ہیں دعائیہ انداز میں ہیں۔ کہا جاتا ہے کہ سب سے اچھی دعا سورہ فاتحہ اور سب سے اچھا ذکر کلمہ طیب ہے۔ اعلیٰ حضرت امام احمد رضا بریلوی اللہ اور رسول کی محبت میں سرشار تھے، ان کی سرشت اور زیست کے عناصر بھی اللہ و رسول پر فدا تھے۔ موصوف فرماتے ہیں:

"بحمد اللہ اگر میرے قلب کے دو ٹکڑے کیے جائیں تو خدا کی قسم ایک پر لا الہ اللہ اور دوسرے پر محمد رسول اللہ ہو گا۔"

"مصطفیٰ جان رحمت پہ لاکھوں سلام" احمد رضا کا یہ سلام اتنا مقبول ہوا کہ مسنون وظیفہ کی حیثیت اختیار کر لیا ہے۔

خالق کائنات کی مدح و مدحت کو بحیثیت صنف سخن شعرا کرام حمد و مناجات میں بروئے کار لانے کے ساتھ دیگر موضوعات پر بھی طبع آزمائی و خامہ فرسائی کرتے آرہے ہیں۔ موضوعات خواہ قصص الانبیاء ہوں، توحید کا نقطہ نظر ہو یا پھر مقصد پیدائش و حیات، تسلیمات قرآن، اشرف مخلوق ہونے پر فخر کے علاوہ انفرادی و اجتماعی سطح پر معصیت و مصیبت کا شدید احساس، اللہ کی شان کریمی و رحیمی پر یقین و اعتماد، تہذیبی و اخلاقی اور مذہبی اقدار سے فراریت کے باوجود نجات و بخشش اور باغ بہشت میں حور و قصور کا

تصور، نجی و اجتماعی مسائل کا اظہار اور ازیں قبیل خوشگوار ماحول پیدا کرنے کی دعا حمدیہ و مناجاتی شاعری کی زینت بنتی رہی ہے۔

خود آنے والے خدا کو کسی نے دیکھا ہے یا نہیں یا پھر اس کی کوئی شبیہ ہے یا نہیں یہ بڑا اہم اور پیچیدہ سوال ہے۔ یہی سوال جب سوامی ویویکانند نے رام کرشن سے پوچھا تو جواب ملا:

" God can be realised one can see and talk to him as I am doing with you. But who cares to do so? "

حالانکہ جواب مبہم ہے۔ لیکن خدا کی خدائی محسوس کیا جا سکتا ہے۔ روبرو بات بھی ہو سکتی ہے لیکن سب کے بس کی بات نہیں۔ اسلامی تاریخ کی روشنی میں حضرت موسیٰ اللہ سے ہمکلام ہوئے معراج میں حضورؐ سے بھی راز و نیاز کی باتیں ہوئیں لیکن ان کے باوجود اللہ کی شکل و شباہت کا سوال پردۂ خفا میں ہی ہے۔ اس سوال کی پیچیدگی اور ژولیدگی اپنی جگہ مسلم ہے لیکن اس امر پر غالباً سبھی متفق ہیں کہ کائنات کا مکمل نظام جو نہایت قرینے اور عمدہ سلیقے سے منظم ڈھنگ سے کیسے اور کیوں کر چل رہا ہے۔ اس کا ناظم ضرور کوئی ہے جو بظاہر ہماری آنکھوں سے اوجھل ہے۔ کائنات کے ہر شعبے میں با ضابطہ طور پر توازن برقرار ہے۔ عمل تنفس سے ہی قدرت کی کارسازی عیاں ہوتی ہے۔ یا پھر حیات و ممات کا لامتناہی سلسلہ صدیوں سے چلا آرہا ہے اور کب تک چلتا رہے گا۔ انسانی عقل و خرد غور و فکر کے مرحلے سے گزرتی ہے تو لمحہ بھر کے لیے فیصلہ کر لیتی ہے کہ پورا نظام کوئی چلا رہا ہے یا اپنے آپ چل رہا ہے لیکن فوراً عقل سلیم اپنا فیصلہ رد کر کے یہ تسلیم کر لیتی ہے کہ اس کا چلانے والا کوئی چالک ہے۔ ورنہ توازن برقرار نہیں ہوتا اور آخر میں ان دیکھے خدا پر یقین کرنا ہی پڑتا ہے۔

دنیا کے تمام مذاہب میں کائنات کی تخلیق سے متعلق خالق کا تصور (Concept) کسی نہ کسی شکل میں موجود ہے اور اس امر پر سبھی متحد ہیں کہ یہ دنیا کسی عظیم ہستی (Supreme Power) کے بغیر نہ اتفاقیہ صورت میں معرض وجود میں آئی ہے اور نہ ہی بغیر اس کے لامحدود و ناقابل فہم حد تک پیچیدہ نظام چل سکتا ہے اور یہ کہ اس نے بنی نوع انسان کو جن اغراض و مقاصد کی تکمیل کے لیے آفریدہ کیا ہے، اس میں اس کی عبادت اور باہمی اخوت و انسانیت کے عناصر کے فروغ اور ظلم و تشدد اور دیگر گناہوں سے اجتناب کی ذمہ داریاں بھی شامل ہیں۔ لہٰذا چند الحاد مادہ پرستوں کو چھوڑ کر حمد اس کرۂ ارض کی پوری انسانی آبادی کے ذہن و ضمیر، جذبات و احساسات، مسائل و ماحول کے خلاف اجتماعی رد عمل، زیست سے انسیت، وجود پر اعتماد اور پر امید تصورات کا بے حد خوبصورت مرقع ہوتی ہے۔ فرد کے حوالے سے پوری انسانی آبادی کے دلوں کی دھڑکنوں کا حمد و مناجات میں موجزن ہونا ہی اس کی عظمت اور تمام اصناف شعری کے مقابل سرفرازی پر دلالت کرتا ہے۔ انہیں اوصاف کی بنا پر حمد و مناجات دیگر ادبی اصناف شعری کی طرح باقاعدہ فنی جواز رکھتی ہے۔ ان اصناف کا تعلق مذہبی جذبات سے بھی ہے انفرادی تصورات و احساسات سے بھی ہے۔ چونکہ اللہ کی ذات سب سے بڑی ہے لہٰذا سب سے پہلے اس کا نام آنا لازمی عنصر ہے۔

ثنائے رب جلیل کا نام حمد ہے۔ اپنے احتیاجات کے لیے عاجزی و انکساری کے ساتھ بارگاہ ایزدی میں رونے اور گڑگڑانے کا نام مناجات ہے۔ حمد و مناجات دونوں کا پیرائے بیان شعری ہے، دیگر اصناف کی طرح یہ بھی ردیف و قافیہ اور وزن و بحر کے پابند ہوتے ہیں۔ عبد و معبود کے رشتے کی بنیاد پر بندہ اپنے پالنہار کی خوشنودی کے لیے جو بھی نیک عمل کرتا ہے وہ عبادت کے زمرے میں شامل ہے۔ خالق کائنات کی بارگاہ میں اعتراف

(Confession) عجز و انکسار عین تقاضائے بشری ہے، یہی وہ مقام ہے جہاں طلب استعانت کو عبدیت کی شان اور عبودیت (Servitude) کی پہچان سمجھا جاتا ہے۔ انسان کی بے بسی اور درماندگی آخر کار مجبور کرتی ہے کہ وہ ذات وراء الوراء کو تسلیم کرلے جس کی کرم فرمائیاں اسے مراحل حیات میں معاون ثابت ہوتی ہیں اور اظہار تشکر میں وہ دیوانہ وار اپنے رب کے سامنے سر بہ سجدہ ہو جاتا ہے اور بغیر دیکھے خدا پر یقین کر لیتا ہے۔ اس ذات حقیقی کے اتھاہ قوت کارسازی اور اوصاف پر یقین ہی انسان کو اللہ کی بڑائی کرنے پر مجبور کر دیتا ہے اور وہ اپنی زبان میں تعریفی و توصیفی کلمات ادا کرتا رہتا ہے۔ حتی کہ استحضار الہ سے اس کا دل منور ہو جاتا ہے۔ یہ معبودی لگن بندہ کو خدا کے قریب کر دیتی ہے۔ جذب و کیف اور سرمستی کے عالم میں اس کی حالت بدل جاتی ہے۔ مطلب یہ کہ ثنائے رب جلیل میں اشتغال بڑھنے سے ہی عبدیت کے درجات بلند ہوتے ہیں۔ یہی وہ مرتبہ ہے جہاں رضی اللہ عنہ کے پروانے سے سرفراز کیا جاتا ہے۔ لیکن اس راہ میں حمد رب جلیل کو اپنا شعار اور معمول بنانا مشروط ہے۔ حمد یہ ترانوں کے ابتدائی نقوش اور تاریخی اہمیت اجاگر کرتے ہوئے ڈاکٹر یحییٰ نشیط فرماتے ہیں:

"عہد قبل تاریخ کے کلدانیوں اور حطیوں نے مٹی کی پکی اینٹوں پر کندہ کیے ہوئے حمدیہ ترانوں کے نقوش سے لے آج تک کمپیوٹرائزڈ کتابوں کے دور تک حمدیہ ترانے برابر لکھے اور الاپے جارہے ہیں۔ ان کی گنگناہٹ سے جہاں فضائے آسمانی معمور ہے وہاں قلوب انسانی میں بھی ہلچل پیدا کرنے کا سبب بنی ہوئی ہے اور کچھ بعید نہیں کہ ثنائے رب کریم کا یہ سلسلہ قیامت تک چلتا رہے۔"

دنیا جب تک قائم رہے گی خدا کی خلقت کا چرچا ہوتا رہے گا۔ حمدیہ ترانوں میں علامہ اقبال کا "بچے کی دعا" منفرد و ممتاز اہمیت کا حامل ہے۔ اس کی صدائے بازگشت ہر

دور میں یکساں طور پر سنائی دیتی آرہی ہے۔ فی زمانہ مکتب و مدرسہ میں تدریسی پروگرام کے آغاز سے قبل یہ ترانہ خاص اہتمام کے ساتھ پڑھایا جاتا ہے:

لب پہ آتی ہے دعابن کے تمنامری
زندگی شمع کی صورت ہو خدایامری
ہو میرا کام غریبوں کی حمایت کرنا
دردمندوں سے ضعیفوں سے محبت کرنا
میرے اللہ برائی سے بچانا مجھ کو
نیک جوراہ ہے اس رہ پہ چلانا مجھ کو

اور خصوصی طور پر یہ شعر جسے کلیدی اہمیت حاصل ہے۔ اپنے تمام تر فنی لوازمات کے ساتھ مرکز توجہ بناہوا ہے۔ یہاں فن عروج کمال پر ہے۔ فن کاری لازوال ہو کر فن کار کو حیات جاوداں عطا کر گئی ہے:

ہو میرے دم سے یونہی مرے وطن کی زینت
جس طرح پھول سے ہوتی ہے چمن کی زینت

حمد و مناجات کی دنیامیں ڈاکٹر عبد المنان طرزی کا نام محتاج تعارف نہیں۔ موصوف کی شہرت و مقبولیت صوبائی سرحدوں کو لانگھ گئی ہے اور مزید لانگھتی جا رہی ہے۔ موصوف کا تعلق صوبہ بہار سے ہے لہٰذا خالص بہاری شاعر ہیں۔ ان کے حمدیہ کلام ایک نئے لب ولہجہ اور رنگ و آہنگ کے ساتھ معیاری رسالوں کی زینت بنتے آرہے ہی۔ عربی لفظ سبحان اللہ کو جس فنی چابکدستی سے اپنی حمدیہ شاعری میں کھپایاہے گویا انہیں کا حصہ ہے اور شعری حسن دوبالا کرنے کا موجب بھی ہے۔ مزید بر آں عبد و معبود کے رشتے کا اعتراف سبحان اللہ کی تکرار سے مزید مستحکم ہو گیاہے اور ایک مخصوص و ترنم صوتی حسن

و آہنگ ابھرتا ہے جس سے سماعت متاثر ہوتی ہے۔ خدا کی بھی خواہش ہے کہ اس کا بندہ اسے اپنا خالق ہونے کا برملا اظہار کرے۔ خالق کائنات بندے کے مکارم اخلاق سے ہی راضی بہ رضا ہوتا ہے۔ طرزی کا اعتراف نہایت دیدہ زیب اور متاثر کن ہے:

میں بندہ ترا، تو میرا خدا، سبحان اللہ سبحان اللہ
بندے سے خدا کا یہ رشتہ، سبحان اللہ سبحان اللہ
میں حرف دعا، تو دست عطا، سبحان اللہ سبحان اللہ
محتاج تیرے ہیں شاہ و گدا، سبحان اللہ سبحان اللہ
بس تیری رضا، تیری ہی ثنا، ہو پیش نظر جس کے اۓ خدا
وہ قلب و نظر کر دے تو عطا سبحان اللہ سبحان اللہ

حاجت روائی کے لیے محض اسی کی طرف رجوع ہونا جو مختار کل ہے۔ اس امر کا اعلان شعری پیرائے میں خوب ہے۔ یعنی خدا یہ ہرگز پسند نہیں کرتا کہ اس کا بندہ کسی اور کے سامنے فریاد کرے:

طرزیؔ کے لیے اعزاز بڑا محتاج فقط ہے وہ تیرا
کب در پہ کسی کے جانے دیا، سبحان اللہ سبحان الہ

قیوم خضر کی حمدیہ شاعری ایک نئی منطق کے ساتھ پروان چڑھی ہے۔ موصوف کا خیال ہے کہ اپنے رب کی ربوبیت اور اللہ کی الوہیت کا اعتراف بے چوں چرا کر لینا چاہئے۔ اس مرحلے میں کسی طرح کا حیل و محبت باعث گمراہی ہوگی اور بندہ راندۂ درگاہ کا مرتکب ہوگا۔ اس امر کی ترجمانی قیوم خضر کی زبانی:

نہ منطق، نہ حجت، نہ کوئی دلیل
تو بے شک ہے رب سمیع العلیم

میں فریاد کش ہوں بصد انکسار
نگاہ کرم اے غفور الرحیم

سید احمد شمیم ایک کامیاب حمد گو ہیں۔ اپنی حمدیہ شاعری کے حوالے سے خالق کائنات کے لاجواب صفات پر عقل انسانی جو اکثر حیران و ششدر رہتی ہے کا بیان کچھ یوں کرتے ہیں:

لم یزل، رب کائنات ہے تو
عقل حیراں ہے، لاجواب ہے تو
تیرے پرتو سے مہر و مہہ روشن
سارے عالم کی آب و تاب ہے تو
عشق گستاخ ہو تو کیوں کر ہو
خود ہی جلوہ خود ہی حجاب ہے تو

کائنات کی ہر شئے خواہ ادنیٰ ہو یا اعلیٰ، انسان ہو یا حیوان، نباتات یا جمادات اسی کی قبضہ قدرت میں ہے۔ اس کی مرضی کے بغیر ایک ذرہ بھی ادھر سے ادھر نہیں ہو سکتا۔ رونما ہونے والے بڑے بڑے جانکاہ واقعات و حادثات بھی اسی کے مرہون منت ہیں لیکن مصلحت سے خالی نہیں۔ اسلامی تاریخ شاہد ہے کہ حضرت خضر علیہ اور حضرت موسیٰ علیہ کے تینوں معروف واقعات جو سورہ کہف میں مذکور ہیں۔ مصلحت سے خالی نہ تھے۔ لیکن موسیٰ علیہ کو اپنے علم اور کلیم اللہ ہونے کا تکبر تھا۔ خضر علیہ کے ہزار منع کرنے کے باوجود صبر نہ کر سکے۔ لیکن واقعات کے پس پشت جو مصلحتیں کارفرما تھیں اس کا علم ہوا تو حیران ہو گئے۔ بقول اقبال:

"کشتی مکین" و "جان پاک" و "دیوار یتیم"

علم موسیٰ بھی ہے تیرے سامنے حیرت فروش

احمد الدین خاں اشرف ایک کہنہ مشق مناجات گو ہیں۔ ان کی مناجاتی شاعری فنی و فکری دونوں اعتبار سے اپنی شناخت قائم کر چکی ہے۔ ان کی کاوش لائق صد ستائش ہے۔ ان کی مناجات کا ابتدائی شعر یعنی مطلع میں فنی پیچیدگی قابل دید ہے:

اسیر شب ہوں نگاہ کرم ادھر کر دے
چراغ بجھنے سے پہلے سحر کر دے
نگاہ فکر و ہنر، کچھ تو معتبر کر دے
ہر ایک اشک ندامت مرا گہر کر دے
خطائیں جتنی ہوئیں مجھ سے در گزر کر دے
نہیں ہوں قابل رحم و کرم مگر کر دے

انسان کی ذات خیر و شر کا مجموعہ ہوتی ہے۔ خطا و نگاہ کا سرزد ہونا عین فطرت ہے۔ لیکن خطاؤں کا اعتراف اور گناہوں سے توبہ، ندامت اور شرمساری سے ہی انسانیت نکھرتی ہے اور باقاعدگی آتی ہے۔ صدق دل سے توبہ و استغفار کرنے والا اللہ تعالیٰ کو بے حد محبوب ہوتا ہے۔ اپنے جوار رحمت کے سائے میں اسے جگہ دیتا ہے۔ اشرف کی مناجات میں ان امور کی جلوہ گری دیکھی جا سکتی ہے:

جہاں میں عیب سے خالی نہیں بشر کوئی
وہ آفتاب بنیں جن پہ تو نظر کر دے
یہ زندگی تو مسلسل عذاب ہے یارب
صعوبتوں کے یہ حالات مختصر کر دے
تو اعتبار عطا ہے میں تجھ سے کیا مانگوں

جو ہو سکے تو دعاؤں کو با اثر کر دے

اور آخر میں مناجاتی مقطع میں روشنی جو علم کی علامت ہے کا مطالبہ مشروط ہے:

میں کیوں قبول کروں ایسی روشنی اشرفؔ

جو مجھ کو اپنی حقیقت سے بے خود کر دے

مندرجہ مضمرات اور مشتملات سے حمد و مناجات کی مکمل تاریخی، تہذیبی اور فنی و ادبی اہمیت اجاگر تو نہیں ہوتی اور نہ فنی و فکری گرہیں بھی کھلتی ہیں لیکن ان امور سے جزوی واقفیت فراہم ضرور ہوتی ہے اور محض اتنی سی معلومات:

مفت ہاتھ آ جائے تو برا کیا ہے

٭ ٭ ٭

ڈاکٹر مناظر عاشق ہرگانوی

حمد کی دینی وادبی قدر و قیمت

خدا سارے جہانوں کا معبود ہے۔ وہ وحدہ لاشریک ہے۔ زندگی اور موت اسی کے ہاتھ میں ہے۔ اسی لئے اس کی بندگی کی جاتی ہے۔ "لا الہ الا اللہ" یعنی سوائے اللہ کے کوئی معبود نہیں۔ اللہ کی اطاعت غیر مشروط کی جاتی ہے۔ اللہ کے سوا دوسرے تمام اللہ باطل ہیں۔ اللہ کی ذات وصفات اور احکام کو ہر ذی روح مانتا ہے اور تمام بندے اللہ کو پکارتے ہیں کیونکہ وہی حقیقی معبود ہے، وہی ادب کا ہنر بھی عطا کرتا ہے۔

حضرت شہاب الدین سہروردی "عوارف المعارف" میں لکھتے ہیں کہ حضور ﷺ سے روایت ہے کہ میرے پروردگار نے مجھے ادب دیا ہے۔ دراصل ادب ظاہر اور باطن کی تہذیب اور آراستگی ہے۔ لیکن بندے میں ادب کامل نہیں ہوتا۔ کمال، مکارم اخلاق سے اور مکارم اخلاق، تحسین اور تہذیب خلق سے ہے۔ دنیا کی ہر زبان کے شاعروں نے اللہ کو پیش نظر رکھاہے اور اسے یاد کیاہے۔ اللہ کے سبھی محتاج ہیں۔ اردو زبان میں جب سے شاعری کا تجربہ ہوا تبھی سے حمد لکھی گئی۔ لیکن حمد سے زیادہ نعت پر توجہ دی گئی ہے۔

حمد کی دینی اور ادبی قدر و قیمت کی وجہ سے یہ صرف ہمارے مضطرب جذبات کی تسکین کا سامان، تفنن طبع، احساس جمال، انفرادی لذت کوشی، خوف خدا، بصیرت و بصارت کی توثیق یا شاعری برائے شاعری نہیں ہے بلکہ ادب میں اس کی مستقل صنفی

حیثیت ہے۔ یہ صحیح ہے کہ عروض و بلاغت اور اصناف سخن کی قواعد کی کتابوں میں حمد و مناجات کی صنفی حیثیت کا ذکر نہیں ہے۔ اس کی وجہ یہ ہے کہ غزل گو، مرثیہ گو، رباعی گو یا مثنوی و قصیدہ نگار شعرا نے حمد پر باضابطہ یا خصوصی توجہ نہیں دی۔ بلکہ عقیدت اور بسم اللہ کے طور پر رسم پوری کرتے رہے ہیں۔ حالانکہ حمد و مناجات کے لئے والہانہ عشقیہ جذبے کی ضرورت ہوتی ہے کیونکہ اظہار و افعال و اعمال اس سے وابستہ ہیں۔ مہارت و محاربت، متانت و سنجیدگی اور جوش ربانی کی فراوانی کے بغیر کوئی بھی شاعر حمد میں اظہار عقیدت نہیں کر سکتا۔

الہام، القا، گیان اور دھیان کے تصور سے مملو یہ صنف سخن، ماورائی، داخلی اور ذہنی قوت کی دین ہے۔ شعری روایت کے معنوی تسلسل میں حمد تصور و تفکر، عبقریت، ذہنی رفعت اور جذبات و حواس کے ذریعے سے دخیل ہے۔ سیموئل ٹیلر کولرج نے کہا تھا:

"میں متخیلہ کو بنیادی اور ذیلی سمجھتا ہوں۔ بنیادی متخیلہ وہ ہے جو تمام انسانی ادراک کا محرک ہے اور وہ خارجی تخلیق کاری میں دماغ کے محدود حصہ کی نمائندگی کرتا ہے۔ جبکہ لامحدود حصہ اس کی ذات "I am" ہوتی ہے۔ ذیلی تصور بنیادی تصور ہی کی بازگشت ہوتا ہے اور وہ شعوری ارادے کے ساتھ منسلک ہوتا ہے۔ لیکن وہ تقریباً بنیادی تصور کی طرح تخلیق کا محرک ہوتا ہے۔"

"میں ہوں" کی طرف سے موضوعی تخلیق کا یہ لائحہ عمل داخلی آواز ہے جو Objective Co-relatives میں ضم ہو کر شعری روایت کے داخلی اور خارجی عناصر کی Pure Subjectivity کی طرح حمد یہ شاعری کے معنوی تسلسل کو جنم دیتی ہے یا تابع بناتی ہے۔

ابھی تک ادب کی وابستگی (Commitment) واضح نہیں ہے۔ کوئی مذہب کا عقیدت مند ہے، کوئی سیاست کا وفادار ہے، کوئی دھرتی اور وطن کا پورا ڈھانچہ صراحت چاہتا ہے کیونکہ ذہنی کیفیت ہمیشہ متغیر رہتی ہے۔ آج کا شاعر اور ادیب اپنا ذہنی اور جذباتی رشتہ زندگی کی سچائیوں کے بجائے مجرد تصورات سے قائم کرنے میں لگا ہوا ہے اور ذاتی مسائل کا ادب تخلیق کر رہا ہے۔ ایسے میں دوسری اصناف کی طرح حمد کی فکری و فنی عظمت ایسی ہی ہے یعنی علم انسانی کی جان اور لطیف ترین روح یہ صنف سخن مقام محمود کی بلند ترین مسند پر ہے اور اردو شاعری کی دھڑکنوں کا آہنگ ہے۔

مختلف ادوار میں حمد کے فکری اور اسلوبیاتی تجربے یقیناً ہوتے ہیں اور اسلوبیاتی تغیر بھی محسوس کیے جاسکتے ہیں۔ مثلاً حمد کے یہ اشعار ملاحظہ کیجئے:

خسرو رین سہاگ کی جاگی پی کے سنگ
تن سیر و من پیو کو دو، وبھے ایک رنگ
(امیر خسرو)

چندر سوں تیرے نور کے نس دن کوں نورانی کیا
تیری صفت کن کر سکے توں آپی میرا ہے جیا
(محمد قلی قطب شاہ)

مقدور کسے ہے ترے وصفوں کے رقم کا
حقا کہ خداوند ہے تو لوح و قلم کا
(میر درد)

نقش فریادی ہے کس کی شوخی تحریر کا
کاغذی ہے پیرہن ہر پیکر تصویر کا

(غالب)

کامل ہے جو ازل سے وہ ہے کمال تیرا

باقی ہے ابد تک وہ ہے جلال تیرا

(حالی)

ہوا حمد خدا میں دل جو مصروف رقم میرا

الف الحمد کا سا بن گیا گویا قلم میرا

(شیخ ابراہیم ذوق)

یہاں بھی تو وہاں بھی تو زمیں تیری فلک تیرا

کہیں ہم نے پتہ پایا نہ ہرگز آج تک تیرا

(داغ دہلوی)

اے عشق مجھے شاہد اصلی کو دکھالا

قم خذ بیدی وفقک اللہ تعالیٰ

(انشاء اللہ خاں انشاء)

کروں پہلے توحید یزداں رقم

جھکا جس کے سجدے کو اول قلم

(میر حسن)

ہر شاخ میں ہے شگوفہ کاری

ثمرہ ہے قلم کا حمد باری

(دیا شنکر نسیم)

خدایا! نہیں کوئی جائے پناہ

مگر تیرا در اور تری بار گاہ

(اسمٰعیل میرٹھی)

تو ہی بھروسہ تو ہی سہارا

پروردگارا پروردگارا

(حفیظ جالندھری)

الٰہی تو فیاض ہے اور کریم

الٰہی تو غفار ہے اور رحیم

مقدس معلی، منزہ عظیم

نہ تیرا شریک اور نہ تیرا سہیم

تیری ذات والا ہے یکتا قدیم

(نظیر اکبر آبادی)

میں اس دنیا کی ہر ہستی کا ہوں سرمایۂ ہستی

مری ہی ذات سے سب ہیں یہاں نشو ونما پائے

(فراق گورکھپوری)

مٹی کو یہ تنویر شرر کس نے عطا کی

تجھ کو یہ چمک موج گہر کس نے عطا کی

(جگن ناتھ آزاد)

موسم موسم منظر منظر ترا روپ، روپ انوپ

خاک کو لوچ صبا کو خوشبو دینے والا تو

(ظفر گورکھپوری)

یقیں یہی ہے کہ ظاہر بھی ہے عیاں بھی وہی
نظر سے دور بھی ہے وہ قریب جاں بھی وہی
(شارق جمال)

وہ چاہے ذرے کو ماہ کر دے
گدا کو عالم پناہ کر دے
(بیکل اتساہی)

موسم کی سوغات لٹانے والا تو
شاخ حرا میں پھول کھلانے والا تو
(فضا ابن فیضی)

کار فرمائے کائنات خدا!
دو جہاں کی تجلیات خدا!
(نادم بلخی)

چراغِ حرم کے اجالے میں تو
برہمن کے اونچے شوالے میں تو
(مظفر حنفی)

چھپائے رکھنا حقیقت کمال ہے اسکا
ہے انتہا کہ تصور محال ہے اس کا
(غلام مرتضیٰ راہی)

تو ہر ایک سمت ہے جلوہ گر
تیری شان جل جلالہ

(علیم صبانویدی)

تو منتہائے معانی سراپئے اظہار
میں لوحِ زیست پہ حرف فضول کی مانند

(عبد الاحد ساز)

جو ہم مشک قیاس گاں اور جہل میں ہے
تسبیح اس کی دشت و دیار و جبل میں ہے

(سلیم شہزاد)

حرف آغاز تو حرف آخر بھی تو
دو جہاں تیری قدرت ہیں قادر بھی تو

(ابراہیم اشک)

اسی کی نیند تھی پلکوں پہ خواب اسی کے تھے
کہ سوتے جاگتے سب انتخاب اسی کے تھے

(نذیر فتح پوری)

ہوں میں بھی اس کا مرا بست و در بھی اس کا ہے
سفر بھی اس کا ہے زادِ سفر بھی اس کا ہے

(کرشن کمار طور)

یہ کائنات یہ رنگ بہار تیرا ہے
فلک کا روپ زمیں کا نکھار تیرا ہے

(مناظر عاشق ہرگانوی)

فکری اور اسلوبیاتی فرق نمایاں ہے، مثالیں بھری پڑی ہیں۔ حالی اور اقبال کا اب

زمانہ نہیں رہا۔ اسلامی ادب کو بھی ادب سے خارج کرنے کی ہوا چلی۔ اس طرح اخلاقی قدروں میں فرق ضرور آیا۔ فن کی تخلیق انسان کے کسی بھی بے ساختہ عمل سے مختلف ہوتی ہے۔ یہ تخلیق دماغ کی عمیق اور متواتر سوچ، دل کے گہرے احساس اور ضمیر کے بھرپور ردعمل کے بغیر ممکن نہیں ہوتی۔

نظریہ فکری ضبط، مخصوص عقیدہ، طرز عمل اور ثقافتی ارتباط کا نام ہے۔ یہ صحیح ہے کہ انسان عاقل کم، غیر عاقل زیادہ ہے۔ اس کی ذہانت میں جذبات کی ملاوٹ ہے۔ اس کی عقل کرۂ جذبات میں چاروں طرف سے گھری ہوئی ہے۔ جانب حق الیقین عقل کی پرواز میں کوتاہی اور نارسائی مسلمہ امر ہے۔ جذبات غالب عقل کو سو قالب بدلنے پر مجبور کر دیتے ہیں۔ لیکن اہل فکر و نظر اور صاحب نور حکمت و بصیرت، مجتہد جو شئے کی حقیقت کو سمجھنے اور پھول میں خوشبو دیکھنے والی نورانی بصیرت بیرون شرع سے اندرون کی خبر لانے والی ایکس ریزی ذہنی قوت اور حکم ظاہر کے باطن میں خفیف جھٹکوں اور ضعیف آہٹوں کو محسوس کرنے اور خوب سننے والی حساس روحانی سماعت رکھتا ہے اور اللہ کی رحمت سے عقل کو جذبات سے کوسوں میل دور رکھتا ہے۔ سماج کا یہ چلن ہو گیا ہے۔ ادب میں بھی کچھ اس کی دھمک ملتی ہے۔ شاید تحریکوں کا بھی اثر ہے جب کہ ادب کے فیوڈل دور میں بھی مذہب ہے۔ مگر شریعت کی بجائے تصوف کے رنگ میں ہے۔ حالانکہ عبودیت کی جگہ وحدت الوجود اور اس سے وابستہ جذبات میں تغیر نہیں آیا ہے۔ اس کی وجہ تلاش مدام تلاش ہے اور Articulation کی منطق اور دلیل ہے کہ نشانیاتی عمل کے ذریعے معبود حقیقی ہر پل قریب ہے اور یہی وجہ ہے کہ حمدیہ شاعری نے تحریکوں کا اثر کم لیا ہے۔

اردو میں ابتدا سے ۱۹۳۷ء تک ادب اور مذہب کو ہم الگ الگ خانوں میں منقسم

نہیں دیکھتے ہیں۔ اگر زیریں لہر ہے بھی تو اس میں شدت نہیں ہے۔ لیکن ترقی پسند تحریک اور روسی اشتراکیت کے نظریے سے متاثر ہونے والوں نے ادب اور مذہب کو خانوں میں تقسیم کرنے کی شعوری کوشش کی تھی جس کا منفی اثر سرمایۂ ادب پر ضرور پڑا۔ لیکن ۱۹۶۰ء اور ۱۹۸۰ء کے بعد کے شعرا نے اس فیشن سے جان چھڑا کر حقیقت کے Perception کو سمجھ لیا ہے اور متعین طرز اظہار "حمد" کو بلا جھجک اپنایا ہے۔ قرآن کریم کے سولھویں پارہ میں سورۃ الکھف کی تیسری رکوع کی آخری آیت ہے کہ:

" قل لو کان الجر مدادا لکلمت ربی النفد البحر قبل ان تنفد کلمت ربی ولو جئنا بمثلہٖ مددا۔"

لیکن قرآن کریم میں سورۃ الشعراء(۲۶:۲۲۴۔۲۲۷) میں بیان کیا گیا ہے کہ:

* "اور شاعروں کی پیروی گمراہ لوگ کیا کرتے ہیں۔"
* "کیا تم نے نہیں دیکھا کہ وہ (شاعر) ہر وادی میں سر مارتے ہیں۔"(۲۲۵)
* "اور کہتے وہ ہیں جو کرتے نہیں۔"

واضح اشارہ ہے کہ شعرا قابل اتباع نہیں ہیں اور شاعری ربط، پیغام دہی اور سنجیدگی کے عناصر سے خالی ہے۔ حالانکہ شاعر نیک، ذہین، دانا اور خدا ترس ہوتے ہیں، عصر حاضر ایک نظریاتی دور ہے اور ہم جانتے ہیں کہ ذہنی و عملی ارتقا کی نسبت سے عروج و زوال ہوتا ہے۔

حمد سے بے توجہی کی وجہ Anthroposphere ماحول بھی رہا ہے۔ ویسے سچائی یہ بھی ہے کہ اردو میں حمدیہ شاعری کا پہلا مجموعہ غلام سرور لاہوری کا ہے جو "دیوان حمد ایزدی" کے نام سے ۱۸۸۱ء میں مطبع نول کشور، لکھنو سے شائع ہوا۔ مثال دیکھئے:

زباں پر ذکر حمد ایزدی ہر دم رواں رکھنا
فقط یاد الٰہی سے غرض اے مری جاں رکھنا

اس مجموعہ میں دو فارسی حمد بھی ہیں:

بحمد ایزدی تر کن زبان گوہر افشاں را

چو ابر آذری کن گوہر افشاں چشم گریاں را

ز چشم خوں فشاں بے آبرو کن ابر گریاں را

ز جوش دیدۂ گریاں بگریاں برق خنداں را

حمدیہ شاعری کا دوسرا مجموعہ مضطر خیر آبادی کا "نذر خدا" ۱۹۲۱ء میں شائع ہوا۔ سرورق پر یہ شعر درج ہے:

مبارک اے زباں دنیا میں جو کچھ بھی کہا تو نے

وہ میں نے لکھ لیا اور کر دیا نذر خدا تو نے

حمد باعث تسکین قلب ہے۔ اس سے فرحت اور روحانی سکون حاصل ہوتا ہے۔ آفاقی اور ابدی حقیقتوں کی آگہی سے بھرپور اس صنف کی طرف نعت کے مقابلے میں توجہ کم دی گی ہے حالانکہ مواد بکھرا پڑا ہے۔

***

قاضی رؤف انجم

حمد اور مناجات کی اہمیت و ضرورت

حمد کے لغوی معنی تعریف کرنے خوبیاں بیان کرنے، بڑائی و بزرگی کا اقرار کرنے، حاجت روا اور مشکل کشا ماننے اور اپنا مالک اور آقا تسلیم کرنے کے ہیں لیکن یہ لفظ کسی مخلوق کے لئے استعمال نہیں کیا جاتا کیونکہ لفظ حمد صرف اللہ تبارک و تعالیٰ کے لئے ہی مخصوص ہے ویسے کسی مخلوق کی تعریف متقاضی ہو تو اس کے لئے مدح کی جاسکتی ہے اس لئے کہ یہ لفظ کسی زندہ، مردہ، جمادات، حیوانات، چرند پرند حتیٰ کہ روٹی، کپڑا اور مکان کے لئے بھی بول سکتے ہیں۔ علماء متاخرین کا قول ہے کہ اپنی زبان و قلم سے معبود حقیقی کی تعریف بیان کرنے کو حمد کہا جاتا ہے خواہ اس کی لازم اور متعدی صفتوں پر دل، زبان اور جملہ ارکان سے اس کا شکر ادا کیا جائے۔ حمد کا لفظ شکر کے لفظ سے زیادہ عام اور مقبول ہے اس لئے کہ وہ لازم اور متعدی دونوں صفات کے لیے استعمال ہوتا ہے حمد کسی نعمت کے حصول یا کسی خاص وصف کے اظہار کی بنا پر ہوتی ہے۔ مخلوق پر اللہ کی نعمتیں ان گنت ہیں جن کا شمار کرنا انسان کے بس سے باہر کی بات ہے جس میں عالم اکبر کی تقریباً ساری ہی مثالیں موجود ہیں۔ ہمارا جسم حد نگاہ تک پھیلی ہوئی اس زمین کی مثال ہے ہمارے بال، نباتات کی مثال تو ہماری ہڈیاں پہاڑوں کی مانند ہیں۔ جسم کو خون فراہم کرنے والی شریانیں، وریدیں اور عروق شعریہ (باریک رگیں)، دریاؤں، نہروں اور چشموں کی

مثال ہیں جن کے ذریعہ عالم اکبر (زمین) کی سر سبزی کی طرح (عالم اصغر) ہمارے جسم کی شادابی بر قرار رکھی جاتی ہے۔

تہذیب و اخلاق کا تقاضہ بھی یہی ہے کہ جب کسی سے کوئی چیز مانگنی ہو تو پہلے اپنے آپ کو عجز و نیاز کی تصویر بنا کر اس کی کچھ تعریف کی جائے اس کے بعد اپنا مقصد و دعا ممدوح کے سامنے عاجزی کے ساتھ بیان کیا جائے اسی طرح رب العالمین سے جب دعا یا مناجات کرنی ہو تو پہلے اس کی حمد و ثنا بیان کی جانی چاہئے پھر اسی کو اپنا حاجت روا اور مشکل کشا مان کر دعا کرنی چاہئے۔ انسان کا علم چونکہ محدود ہے وہ نہیں جانتا کہ اللہ تبارک و تعالیٰ کی تعریف کس طرح کی جائے اور اس سے اپنی حاجتیں کس طرح پوری کرائی جائیں اس لئے اللہ تعالیٰ نے اپنے کلام پاک کے آغاز ہی میں حضرت انسان کی رہنمائی کے لئے سورۃ فاتحہ نازل فرمائی ہے اس سورۃ کی سات آیات میں سے پہلی تین آیات حمد گزاری کا طریقہ سکھاتی ہیں اور بقیہ چار آیات مناجات گزاری کا۔ انسان کا جسم دو اجزا سے مرکب ہے ایک تو اس کا بدن اور دوسرے اس کے بدن کو متحرک رکھنے والی روح ہے۔ قدر و قیمت کے اعتبار سے روح ہی افضل اعلیٰ اور اصل ہے کیونکہ جب تک جسم کے اندر روح کی کار فرمائی موجود ہے تب تک جسم زندہ اور فعال ہے اس لحاظ سے بدن روح کے تابع ہے اور ادنیٰ درجہ رکھتا ہے۔ اس ادنیٰ جزو یعنی بدن میں بھی اللہ تعالیٰ نے پانچ ہزار مصلحتیں اور منفعتیں رکھی ہیں۔ اس بدن میں تین سو سے زیادہ جوڑ ہیں اور ہر جوڑ اللہ کی قدرت کاملہ نے ایسا مضبوط، پختہ اور مستحکم بنایا ہے کہ نہ وہ گھستا ہے اور نہ اس کی مرمت کی ضرورت پڑتی ہے عمر بھر یہ جوڑ بغیر تیل پانی کے حرکت کرتے رہتے ہیں اسی طرح آنکھ، کان، ناک، زبان، دماغ، ہاتھ، پاؤں اور ان کے جزوی اعضاء کے جتنے بھی اعمال ہیں ان سب میں ایک پورے عالم کی قوتیں اور مصلحتیں پوشیدہ ہیں اور یہ وہ نعمت ہے جو ہر

زندہ انسان کو بلا امتیاز شاہ و گدا، امیر غریب، چھوٹے بڑے، بچے بوڑھے کے سب کو عمومی طور سے میسر ہیں۔ اسی طرح اللہ کی ہر بڑی نعمت مخلوق کے لئے وقف عام ہے اور ہر فرد ان سے بلا تفریق نفع حاصل کر سکتا ہے اس کائنات کے آسمان، زمین، سورج چاند، ستارے سیارے، ہوا فضا، آگ پانی کا نفع ہر جاندار کو بلا کم و کاست پہنچ رہا ہے۔ اس کے بعد اللہ کی وہ خصوصی نعمتیں ہیں جو اس کی حکمت و قدرت کے مطابق لوگوں کو کم و بیش میسر ہیں ان میں مال و دولت، عزت و حشمت، راحت و آرام، شہرت و ناموری، حکومت و اقتدار، علم و دانش وغیرہ اسی قسم میں داخل ہیں اور یہ بات اظہر من الشمس ہے کہ اس کی عام نعمتیں ان نعمائے خاصہ سے زیادہ اہم، اشرف، قیمتی اور ضروری ہیں لیکن انسان اپنی کج فہمی اور کم علمی کی بنا پر ان عام اور عظیم الشان نعمتوں کی طرف زیادہ التفات نہیں کرتا بلکہ اپنے گرد و پیش کی چیزوں کھانا، کپڑا، مکان اور ضروریات زندگی کی فراوانی پر ہی اس کی نظر رک جاتی ہے۔ یہ تمام نعمتیں جو ہر انسان کو ہر وقت حاصل ہیں اور یہ اس بات کی متقاضی ہیں کہ انسان اپنے مقدور بھر اپنے محسن اور منعم اللہ، الرحمن الرحیم کے احسانات اور انعامات کی شکر گزاری میں اس کی حمد و ثنا بیان کرتا رہے اسی بات کی تعلیم اور ترغیب کے لئے اللہ تبارک و تعالیٰ نے اپنے کلام پاک کو لفظ "الحمد" سے شروع کیا ہے۔ یہی وجہ ہے کہ حمد و ثنائے الٰہی کو عبادت میں کلیدی درجہ حاصل ہے۔

حضرت شفیق ابن ابراہیم بلخیؒ نے حمد کی حقیقت کچھ اس طرح بیان کی ہے کہ جب کوئی چیز من جناب اللہ تمہیں مل جائے تو پہلے تو اپنے مہربان اللہ کو پہچانو پھر جو کچھ تمہیں اس نے عطا کیا ہے اس پر راضی اور تابع ہو جاؤ پھر جب تک تمہارے جسم میں اس کی عطا کردہ نعمت و قوت موجود ہے اس کی نافرمانی کے قریب بھی نہ جاؤ۔ امام قرطبیؒ نے اپنی کتاب سلفی ابن ماجہ میں حضرت انسؓ سے روایت کی ہے کہ رسول کریمؐ نے فرمایا ہے کہ

جب اللہ تعالیٰ اپنے کسی بندے کو کوئی نعمت عطا کریں اور بندہ اس نعمت کے حصول پر الحمد اللہ کہے تو یہ ایسا ہو گیا جیسے جو کچھ اس نے لیا اس سے افضل چیز دے دی۔ ایک دوسری حدیث میں ہے کہ اگر کسی ایک انسان کو ساری دنیا کی نعمتیں مل جائیں اور وہ اس پر صرف الحمدللہ کہہ دے تو اس کا یہ کہنا دنیا کی ساری نعمتوں سے افضل ہے۔ زبان سے الحمد اللہ کہنے کی توفیق ہونا بھی ایک نعمت ہی ہے اور یہ دنیا کی ساری نعمتوں سے افضل و ارفع ہے۔ حدیث صحیح میں ہے کہ الحمدللہ سے میزان عمل کا آدھا پلہ بھر جاتا ہے۔ کلام اللہ کی ابتدائی سورت سورۃ فاتحہ دراصل ایک دعا بھی ہے جس میں دعا کی ابتدا اس ہستی کی تعریف سے کی جا رہی ہے جس سے ہم دعا مانگنا چاہتے ہیں کسی کی تعریف دو وجوہات کی بنا پر کی جاتی ہے ایک تو یہ کہ وہ بجائے خود حسن و جمال کا مرقع ہو اور یہ درجہ کمال رکھتا ہو دوسرے یہ کہ وہ ہمارا محسن اور مربی ہو اور ہم اعتراف نعمت کے جذبے سے سرشار ہو کر اس کی خوبیاں بیان کریں اللہ کی تعریف انہی دو حیثیتوں سے ہے اور ہماری قدر شناسی اور بندگی کا تقاضا بھی ہے کہ ہم اس کی تعریف میں رطب اللسان ہوں۔ اس لفظ "الحمد" کے شروع میں "ال" حروف اختصاص اس بات کو واضح کرتے ہیں کہ صرف یہی نہیں کہ اللہ تعالیٰ کی حمد و ثنا انسان کا فرض ہے بلکہ حقیقت یہ ہے کہ حمد و ثنا صرف اسی کی ذات اقدس کے لئے خاص ہے اور صحیح بھی یہی بات ہے کہ تعریف کی مستحق صرف اللہ ہی کی ذات مبارک ہے اور یہ بات ایک بڑی حقیقت کو واضح کر دیتی ہے اور وہ حقیقت یہ ہے کہ پہلی ہی ضرب میں مخلوق پرستی کی جڑیں کاٹ کر رکھ دیتی ہے۔ کیونکہ اس کائنات میں اس ذات باری کے سوا کوئی بھی حمد و ثنا کا مستحق نہیں ہو سکتا۔ دنیا میں جہاں بھی جس چیز میں بھی اور جس شکل میں بھی کوئی حسن، کوئی خوبی، کوئی کمال ہے تو اس کا سرچشمہ دراصل اللہ ہی کی ذات مقدس ہے۔ کسی انسان، فرشتے، دیوتا، ستارے، سیارے غرض

کسی مخلوق کا کمال اس کا ذاتی کمال نہیں بلکہ اللہ کا عطا کردہ کمال ہے۔ بس اگر کوئی ہماری گرویدگی، پرستاری، احسان مندی، شکر گزاری، نیاز مندی اور عبادت گزاری کا مستحق ہے تو وہ صرف اور صرف خالق کمال ہے نہ کہ صاحب کمال۔

کسی انسان کے لئے یہ جائز نہیں کہ وہ خود اپنی حمد و ثنا کرے۔ اللہ تبارک و تعالیٰ کا یہ بے انتہا احسان و کرم ہے کہ اس نے اپنی حمد و ثنا بیان کر کے انسان کے لئے ایک رہنما اصول کا تعین فرما دیا ہے۔ کیونکہ انسان بے چارہ اتنی استعداد نہیں رکھتا کہ بارگاہ عز و جلال کی حمد و ثنا کماحقہ بیان کرے اس کی کیا مجال کہ رب العالمین کے شایان شان طریقہ سے اس کی حمد و ثنا کر سکے۔ خود اللہ کے رسولؐ نے فرمایا کہ میں آپؐ کی حمد کماحقہ بیان نہیں کر سکتا۔ اس لئے اللہ جل شانہ نے اپنی حمد و ثنا فرما کر ایک راہ مبین حمد و ثنا کے بیان کرنے کی انسان پر واضح فرما دی ہے۔

مناجات دراصل ان مجموعہ الفاظ کا نام ہے جن کے ذریعہ احسن طریقے سے اللہ رب العزت کی حمد و ثنا کے بعد اس سے دعا مانگی جائے، مدد طلب کی جائے اور بہتری کی درخواست کی جائے۔ عبدیت کا تقاضا بھی ہے کہ معبود کی نعمتوں اور اس کے احسانات کے حصول پر اس کا شکر بھی ادا کیا جائے بلکہ جن واسطوں سے وہ نعمت ہاتھ آئی ہے ان کا بھی شکر ادا کیا جائے۔ کیونکہ جو شخص اپنے محسن کا شکر ادا کرنے کا خوگر نہ ہو وہ اللہ کا بھی شکر گزار نہیں ہو گا۔ مدد مانگنے یا طلب کرنے کا مسئلہ ذرا تشریح طلب ہے کیونکہ ایک مدد تو مادی اسباب کے تحت ہر انسان دوسرے انسان سے لیتا ہے اس کے بغیر دنیا کا نظام بھی نہیں چل سکتا۔ صنعت کار، دکاندار، مزدور، بڑھئی، لوہار وغیرہ سب مخلوق کی اعانت میں لگے ہوئے ہیں اور ہر شخص ان سے مدد لینے پر مجبور ہے اور اس طرح کی امداد و اعانت کسی بھی دین و شریعت میں ممنوع نہیں ہے۔ لیکن یہ اس اعانت میں داخل نہیں جو صرف

اور صرف ذات باری تعالیٰ کے ساتھ مخصوص ہے۔ وسیلے اور استمداد کے بارے میں اکثر شکوک و شبہات کا اظہار نظر آتا ہے لیکن انبیاء و اولیاء کو وسیلہ بنانا نہ مطلقاً جائز ہے اور نہ ہی مطلقاً ناجائز۔ کیونکہ کسی کو مختار مطلق سمجھ کر وسیلہ بنایا جائے تو یہ شرک و حرام میں داخل ہے اور محض واسطہ اور ذریعہ سمجھ کر کیا جائے تو جائز ہے۔ اس بات میں عام طور پر لوگوں میں افراط و تفریط کا عمل دکھائی دیتا ہے۔ ویسے بندوں کے لئے ضروری ہے کہ صرف مالک حقیقی ہی کے آگے ہاتھ پھیلائیں انھی کے سامنے تضرع وزاری کریں اور اپنی مسکینی و بے بسی کا اقرار کر کے خلوص نیت اور خشوع و خضوع کے ساتھ اس کی عبادت کریں اس کی وحدانیت و الوہیت کا دل کی گہرائیوں کے ساتھ اقرار کریں اور اسے شریک، نظیر اور مثل سے پاک و برتر جانیں اور صراط مستقیم پر ثابت قدمی کے لئے اسی سے مدد کے طالب ہوں۔ مناجات کرنے یا دعا مانگنے سے پہلے اس کی عبادت، اطاعت، بندگی، غلامی اور فرمانبرداری کا یقین دلائیں کہ ہم تیرے پرستار بھی ہیں اور مطیع و فرمانبردار بھی نیز بندہ و غلام بھی۔ ان تمام معنوں میں تیرے سوا کوئی اور ہمارا معبود نہیں۔ تیرے ساتھ ہمارا تعلق محض عبادت ہی کا نہیں بلکہ استقامت کا بھی ہے کیونکہ ہمیں معلوم ہے کہ ساری کائنات کا اب صرف تو ہی ہے ساری طاقتوں اور نعمتوں کا تو واحد مالک ہے اسی لئے ہم اپنی تمام حاجتیں تجھ ہی سے طلب کرتے ہیں، تیرے ہی آگے ہاتھ پھیلاتے ہیں اور تیری ہی مدد پر ہمارا اعتماد ہے یہی وجہ ہے کہ ہم اپنی درخواست لے کر تیرے حضور حاضر ہیں۔ ہمیں فکر و عمل کی سیدھی اور صاف راہ دکھا کر ہماری رہنمائی فرما۔ ہمیں وہ سیدھا رستہ دکھا جس پر تیرے منظور نظر لوگ چلتے رہے، تیرے انعامات کے مستحق ہو کر تیری نعمتوں سے مالامال ہوئے۔ انعامات سے ہماری مراد وہ حقیقی اور پائیدار انعامات ہیں جو راست روی اور تیری خوشنودی کے نتیجے میں ملا کرتے ہیں نہ کہ وہ

عارضی اور نمائشی انعامات جو پہلے بھی فرعونوں، نمرودوں، قارونوں، شدادوں کو ملتے رہے اور آج بھی بڑے بڑے ظالموں، بدکاروں، گمراہوں اور دھوکے بازوں کو ملے ہوئے ہیں۔

حضرت اسودؓ بن سریع ایک مرتبہ حضورؐ کی خدمت میں حاضر ہوئے اور عرض کیا کہ میں نے ذات باری تعالیٰ کی حمد گزاری میں چند اشعار کہے ہیں، اجازت ہو تو عرض کروں۔ آپؐ نے فرمایا کہ اللہ کو اپنی حمد بہت پسند ہے۔ حمد و مناجات میں چونکہ اللہ رب العالمین کی حمد گزاری کے بعد اسی سے مدد کا طالب ہو کر صراط مستقیم دکھانے کی درخواست پیش کی جاتی ہے اسی لئے ہر صاحب ایمان و ایقان شاعر کی یہ دلی خواہش ہوتی ہے کہ وہ بارگاہ رب کائنات کی خدمت میں نذرانۂ حمد پیش کرے اس کے لئے اردو ادب میں فن لطیف کو بہترین ذریعہ اظہار تسلیم کیا گیا ہے کیونکہ شعر ایک ایسا لطیف اور موزوں ذریعہ اظہار ہے جس میں شاعر اپنی قوت متخیلہ کو بروئے کار لا کر اپنے جذبات، احساسات اور خیالات کا برملا اظہار کرتا ہے۔ حق و صداقت کے دائرے میں رہتے ہوئے متاثر کن انداز بیان اختیار کیا جائے تو سامعین اور قارئین بھی اپنے دلوں میں ایک خاص اثر محسوس کرتے ہیں بعض اشعار تو اپنے حکیمانہ مضامین، وعظ و نصیحت نیز اطاعت خداوندی پر مشتمل ہونے کی وجہ سے خصوصی اجر و ثواب کے مستحق بھی ہو جاتے ہیں جیسا کہ ابی بن کعبؓ کی روایت "ان من الشعر حکمۃ" کے متعلق حافظ ابن حجرؒ نے فرمایا۔ حکمت سے مراد وہ سچی بات ہے جو حق کے مطابق ہو۔ ابن بطالؒ نے فرمایا کہ جس شعر میں خداوند قدوس کی وحدانیت، کبریائی، اس کی صفات کا ذکر اور اسلام سے الفت کا ذکر ہو وہ شعر مرغوب و محمود ہے اور جس شعر میں کذب و فحش کا بیان ہو وہ مذموم ہے۔ مندرجہ بالا صفات سے متصف شاعری ہی جزویست از پیغمبری کی تعریف میں شامل ہے

ان ہی رہنما اصولوں کی روشنی میں حمد و مناجات پر مشتمل تخلیقات نمونتاً پیش کر رہا ہوں۔
ملاحظہ فرمائیں:

(ڈاکٹر محبوب راہی)

رگ و پے میں میری بسا ہے تو، تری شان جل جلالہ
مجھے پھر بھی ہے تری جستجو، تری شان جل جلالہ
کبھی مجھ کو وقت نماز میں، نظر آ لباس مجاز میں
اے خدا، تو جیسا ہے ہو بہو، تری شان جل جلالہ
ترا ایک بندہ حقیر ہوں، تیرے در کا ادنیٰ فقیر ہوں
ترے ہاتھ ہے مری آبرو، تری شان جل جلالہ
جو ہو ذہن میں تری فکر ہو جو لبوں پہ ہو ترا ذکر ہو
شب و روز ہو تری گفتگو، تری شان جل جلالہ
تو کرم سے اپنے نواز دے، مجھے ذوق و شوق نماز دے
کروں آنسوؤں سے سدا وضو، تری شان جل جلالہ
ہے اندھیرا حد نگاہ تک، نہ سجھائی دے کوئی راہ تک
تری روشنی ہے چہار سو، تری شان جل جلالہ
کئی موسم آئے گزر گئے، کئی بگڑے اور سنور گئے
مرا دامن دل نہ ہوا رفو، تری شان جل جلالہ
وہی دھوپ میں وہی چھاؤں میں وہی شہر میں وہی گاؤں میں
ترے تذکرے تری گفتگو، تری شان جل جلالہ
ہو جو موقع حساب و کتاب کا، مرے ہر گناہ و ثواب کا

مجھے رکھیو اس گھڑی سرخرو، تری شان جل جلالہ
تری آہٹیں ہیں ڈگر ڈگر، تری رونقیں ہیں نگر نگر
ہیں ترے ہی تذکرے کو بہ کو، تری شان جل جلالہ
لئے دفتر عصیاں تمام تر، دل زخم خوردہ بچشم تر
ہوں کھڑا ہوا ترے روبرو، تری شان جل جلالہ

قاضی رؤف انجم:

اک تو باقی، فانی سب، میرے اللہ میرے رب
تیری ہر تخلیق عجب، میرے اللہ میرے رب
راز تھا ہر شے پر طاری، جسم سے ہر شے تھی عاری
بس تھی تیری ذات، ہی تب، میرے اللہ میرے رب
اللہ، واحد تیری ذات، بے گنتی ہیں تیری صفات
اور الٰہی تیر القب، میرے اللہ میرے رب
از اول تا آخر تو، جزو میں کل میں ظاہر تو
تو ہی تو ہے تب اور اب، میرے اللہ میرے رب
یہ جو چاند ستارے ہیں، تیرے صرف اشارے ہیں
حکمت تیری، روز و شب،، میرے اللہ میرے رب
خیر و شر بھی سب تیرے، علم و ہنر بھی سب تیرے
میں کیا کھولوں اپنے لب، میرے اللہ میرے رب

حرف اور الفاظ ترے، قاری اور حفاظ ترے
سب میں ہے ملحوظ ادب، میرے اللہ میرے رب
انجمؔ تیرا بندہ ہے، وہ بھی حسرت رکھتا ہے
دوبارہ پہنچا دے عرب، میرے اللہ میرے رب

***

ڈاکٹر سید یحییٰ نشیط

قدیم حمدیہ شاعری میں شعری محاسن

"حمد ثنائے جمیل ہے" اس ذات محمود کی جو خالق سماوات و الارض ہے۔ جس کی کارفرمائی کے ہر گوشے میں رحمت و فیضان کا ظہور اور حسن و کمال کا نور ہے۔ پس اس مبدء فیض کی خوبی و کمال اور اس کی بخشش و فیضان کے اعتراف میں جو بھی تحمیدی و تمجیدی نغمے گائے جائیں گے ان سب کا شمار حمد میں ہو گا۔ حمد دراصل خدا کے اوصاف حمیدہ اور اسمائے حسنیٰ کی تعریف ہے۔

عربی، فارسی کی طرح اردو شاعری میں بھی خدا کی حمد رقم کئے جانے کی روایت رہی ہے۔ اردو شعرا نے اپنی عقیدت و ایمان کے گل ہائے معطر حمدیہ اشعار کی لڑیوں میں پرو کر باری تعالیٰ کے اوصاف حمیدہ اور اسمائے حسنیٰ کے گیسو ہائے معتبر سجائے ہیں۔ خدائے عزوجل کی تحمید و تمجید کے یہ نقش ہائے دل پذیر اور ثنا و توصیف کے یہ دریائے بے نظیر شعری پیکر میں ڈھل کر ادبی سرمائے میں اضافہ کرتے رہے ہیں۔ دیگر اصنافِ سخن کے ساتھ ساتھ حمدیہ شاعری کے سلسلے میں بھی اردو شعرا نے ایرانی شعرا کے اس قبیل کے نمونوں کو اپنے سامنے رکھا۔ لیکن قابل غور امر یہ ہے کہ ان کے خلاق تخیل نے دیگر اصناف کی طرح اس صنف میں بھی اپنے ہی دلی جذبات کی اپنے مخصوص انداز میں ترجمانی کی ہے، بلکہ جابجا ایرانی مذہبی روایات سے ہٹ کر بھی کچھ باتیں لکھی ہیں۔

اردو شاعری کا باقاعدہ آغاز پندرہویں صدی عیسوی کے اوائل ہی سے ہو جاتا ہے۔ چنانچہ ۱۴۲۱ء اور ۱۴۳۴ء کے درمیان لکھی گئی فخر الدین نظامی بیدری کی تصنیف "کدم راؤ پدم راؤ" کو حالیہ تحقیق کے مطابق اردو کی پہلی مصدقہ قدیم ترین مستقل تصنیف تسلیم کیا گیا ہے اور یہی اردو کی اولین مثنوی ہے۔ مثنوی کے عناصر ترکیبی میں حمد و نعت و منقبت کا شمار ہوتا ہے۔ نظامی نے اپنی مثنوی میں اس کا التزام کیا ہے اور اللہ تعالیٰ کی حمد عقیدت میں ڈوب کر نہایت والہانہ انداز میں کی ہے۔ شاعر نے جگہ جگہ قرآنی آیات کو منظوم کیا ہے جس سے اس کی قرآن فہمی کا بھی پتہ چلتا ہے:

گسائیں تہیں ایک دنہ جگ ادار
بروبر دنہ جگ تہیں دینہار
اکاش انچہ پاتال دھرتی تہیں
جہاں کچہ نکوئی، تہاں ہے تہیں
کرے آگلا تجہ کریں سیو کوے
کہ جب نہ کرے سیو تجہ کم نہوے
سپت سمند پانی جو مس کر بھریں
قلم رک رک پان پتر کریں
جمارے لکھیں سب فرشتے کہ جے
نہ پورن لکھن تد توحید تے

نظامی ان اشعار میں کہہ رہا ہے کہ اے خدا اس کائنات میں سہارا صرف تیری ایک ہی ذات ہے، دوسری کوئی ہستی نہیں۔ تو ہی آسمان، تو ہی پاتال (تحت الثریٰ) اور تو ہی زمین بھی ہے۔ جہاں کوئی نہ ہو وہاں بھی تو رہتا ہے۔ اس کائنات میں ہر کوئی تیری

سیوا (حمد) کرتا ہے۔ مگر تو بڑا غیور اور مستغنی ہے کہ کسی کے حمد نہ کرنے سے بھی تیری تعریف میں کوئی کمی واقع نہیں ہوتی۔ ساتوں سمندر کی سیاہی اور سارے نباتات کے قلم بنا لیے جائیں اور تمام فرشتے تیری قدرت کاملہ کو تحریر میں لانا چاہیں تو بھی وہ ایسا کر نہیں سکتے۔ یہاں آخری دو شعروں میں سورۃ لقمان کی آیت "ولو ان مافی الارض من شجرۃ اقلام والبحر یمدہ من بعدہ سبعۃ ابحرٍ مانفدت کلمت اللہ" (آیت:۲۷) کو شاعر نے منظوم کر دیا ہے۔

جس طرح قرآنی آیات کو یا ان کے ترجمے کو حمدیہ شاعری میں سجانے کے جتن کئے گئے ہیں اسی طرح حمدیہ شاعری میں شعریت کو برقرار رکھنے کے لیے صنائع لفظی و معنوی کا استعمال بھی بدرجۂ اولیٰ کیا گیا ہے۔ حمد جیسے نازک موضوع میں بھی شعرائے اردو نے تخیلات کے ایسے روح پرور جہاں آباد کئے ہیں کہ ان کا مشاہدہ بھی قاری کو حیرت میں ڈال دیتا ہے۔ "آیات اللہ" کی منظر کشی میں حسن شعری کے تمام رنگوں کو نہایت چابکدستی سے برتا گیا ہے۔ اردو حمدیہ شاعری کے ایسے اشعار محاکاتی شاعری کا عمدہ نمونہ قرار پاتے ہیں۔ اللہ تعالیٰ کی آیات فی السماء کا نظارہ تو سبھی کرتے ہیں کہ یہ نشانیاں خالق اکبر کی قدرت عظیم کی گواہی دیتی ہیں۔ لیکن ایمان و عقیدت کی اس نظر میں اگر شعریت کا سرمہ بھی شامل ہو جائے تو پھر ان نظروں سے دیکھے گئے نظاروں میں اور بھی حسن نکھر آتا ہے۔ دیکھئے شاعر اللہ کی کائنات کا مشاہدہ کس انداز سے کرتا ہے۔ صنعت تجسیم (Personification) کی یہ مثال بہت دلکش اور نادر ہے:

کیا دیس مل باپ نس مائی جن
ہوا پو نگڑا چاند نرمل رتن
گنوارے گگن باہ کر تس جھلا

پکڑ ڈوری کہکش سو تس کو ہلا

پڑیا رووتا آنجھواں ڈال کر

پڑے بوند بوند ہو ستارے بکھر

(عبدل: ابراہیم نامہ، مرتبہ مسعود حسن خان: علی گڑھ ۱۹۶۹ء، ص:۱)

شاعر اللہ کی ثنا و توصیف کرتے ہوئے کہہ رہا ہے کہ دن (باپ) اور رات (ماں) کے اختلاط سے چاند (پونگڑا = لڑکا) ہوا۔ جسے آسمان کے گہوارے میں جھولا جھلانے کے لیے کہکشاں کی ڈوری لگی ہے۔ جب چاند رونے لگتا ہے تو ستاروں کی صورت میں اس کے آنسو گرتے ہیں۔

عبدل نے اپنے حمدیہ اشعار میں گردش لیل و نہار کا عمیق جائزہ لیا ہے۔ دن رات کے بدلتے کوائف میں اس نے قدرت الٰہیہ کی جھلک دیکھی ہے۔ اس سے پتہ چلتا ہے کہ عبدل اللہ کی ذات میں نہیں اس کی کائنات میں غور و فکر کرنے کا عادی تھا۔ کائنات کے مشاہدات کی شعری صورت گری لیے اس نے استعاراتی زبان کی فنکارانہ انداز میں استعمال کیا ہے۔ بھونڈی اور غیر دلچسپ تشبیہات سے اس نے اکثر گریز کیا ہے۔ اوپر کی مثال میں چاند، دن، رات اور کہکشاں و ستاروں کے تعلق سے ہم دیکھ چکے ہیں کہ صنعت تجسیم کا اس نے کتنی خوبصورتی سے استعمال کیا ہے۔ ایک جگہ اس نے چاند کو دوات، چاندنی کو سیاہی، ستاروں کو حروف اور کہکشاں کو قلم سے تشبیہہ دی ہے۔

عبدل نے اپنے حمدیہ اشعار میں قرآنی آیات سے بھی استنباط کیا ہے۔ چنانچہ سورہ لقمان کی آیت "الم تر ان اللہ یولج الیل فی النھار و یولج النھار فی الیل و سخر الشمس و القمر کل یجری الیٰ اجل مسمی" (آیت:۲۹) کی توضیح بڑے موثر انداز میں کی گئی ہے۔ جو ذوق سلیم اور ذہن و قلب کو اپیل کرتی ہے:

دھریارات پر دادیوادیس لائے
بھریاگنج قدرت پٹارا پھر آئے
پکڑرات دن ہاتھ دونوں پھرائے
سرج چاند کانسے امرت بس ملائے
کدھیں چاند کانسے تھے بس نس جھڑے
سواس پیو کر سب جگت تو مرے
کدھیں سورج کانسے تھے امرت پیوے
موادور عالم سو پھر کر جیوے

اللہ تعالیٰ اپنی قدرت کاملہ سے رات کے پردے سے دن نکالتا ہے۔ دن اور رات کو اپنے دست قدرت سے گردش کراتا ہے۔ چاند کے پیالے میں سے رات کا زہر جھلکتا ہے، اسے پی کر تمام عالم مر جاتا ہے یعنی نیند کی آغوش میں چلا جاتا ہے اور سورج کے پیالے سے چھلکے ہوئے امرت کو پی کر وہ پھر جی اٹھتا ہے۔ نیند و بیداری کے لیے موت و حیات کا استعارہ اور پھر حیات بعد الموت کا اسلامی تصور کس خوبی سے شاعر نے ان اشعار میں پیش کیا ہے آخری شعر میں "النوم اخت الموت" والی حدیث کی طرف اشارہ ہے اور سورہ النمل آیت ۸۶، جعلنا الیل لیسکنوافیہ والنھار مبصرا (یعنی رات ان کے لیے سکون حاصل کرنے کی بنائی تھی اور دن کو روشن کیا تھا) کی تشریح بھی ان مذکورہ اشعار میں کی گئی ہے۔

گجرات کے مشہور صوفی شاعر خوب محمد چشتی (م۱۰۲۳ھ، ۱۶۱۴ء) نے اپنی تصانیف میں اللہ تعالیٰ کی حمد و ثنا کے اشعار میں تصوف و فلسفہ کی آمیزش نہایت خوبی سے کی ہے۔ ان کی حمدوں اور روحانیت اور علمیت یکجا ہو گئے ہیں۔ البتہ روحانیت کی علمی

پیچیدگیوں کی وضاحت کر کے انھیں آسان اور قریب الفہم بنانے کے جتن کئے گئے ہیں۔ خوب محمد چشتی کی "خوب ترنگ" نہایت مشہور کتاب ہے۔ یہ اگرچہ ادق مسائل پر مشتمل ہے لیکن شاعر نے مثالوں کے ذریعہ اسے آسان بنایا ہے۔ اللہ تعالیٰ کی حمد و ثنا کے موضوع میں انھوں نے اللہ تعالیٰ کی صفت "لطیف" کو بڑے موثر انداز میں سمجھایا ہے۔

قرآنی آیت ان اللہ لطیفٌ خبیر کی توضیح ذیل کے اشعار میں ملاحظہ ہو:

بھری طشت میں ماٹی جب
دوجی ماٹی مائے نہ تب
پانی جب ریڑو اوس مانہ
پچھیں سماوی پانیں تانہ
جس بائیں پانی سوس جائے
پانی منہ ہو باد سمائے
پچھیں سماوے آگ بسیکہ
پانی آگ تتا کر دیکہ
جے کو ہووی بہت لطیف
مائی لطیف سو مانجہ کشیف
خدا لطیف سو جس کا نانوں
اہے محیط سووے ہر ٹھانوں

(خوب محمد چشتی، خوب ترنگ، مطبع نورانی، پیران پٹن، ص:۱۴۰)

یعنی مٹی سے بھرے طشت میں دوسری مٹی سما نہیں سکتی۔ لیکن پانی اس مٹی میں جذب ہو جاتا ہے اور مٹی میں اپنی جگہ بنالیتا ہے۔ پانی کے ساتھ ہوا بھی اس مٹی میں داخل

ہو جاتی ہے۔ اگر طشت گرم کر لیا جائے تو آگ بھی اس مٹی میں داخل ہو جائے گی۔ اس طرح کثیف شئے میں لطیف شئے سما جاتی ہے۔ خدا چونکہ "لطیف" ہے اس لیے وہ ہر چیز پر محیط ہے۔

عربی ادب میں ایک قول "لا تتحرک ذرۃ الا باذن اللہ" (یعنی کوئی ذرہ حکم خداوندی کے بغیر حرکت نہیں کر سکتا) بہت معروف ہے۔ جو اللہ تعالیٰ کے فاعل حقیقی اور قادر مطلق ہونے کی شہادت دیتا ہے۔ قرآن میں کہا گیا ہے "وما رمیت ولکن اللہ رمیٰ وما تشاؤن الا ان یشاء" خوب محمد چشتی نے اللہ تعالیٰ کے فاعل مطلق ہونے کی وضاحت ذیل کے اشعار میں فنی محاسن کے ساتھ کی ہے۔ صنعت تشبیہ کا نہایت چست استعمال ان اشعار میں ملاحظہ کیجیے جس کی وجہ سے ایک ادق موضوع آسان ہو گیا ہے:

عالم جیوں شطرنج کا کھیل
بازی مات کرے اس میل
اک پیادہ اک شاہ سو کیں
الکی چال سبھوں کوں دیں
فرزی گھوڑا پیل چلائے
رخ پیادہ چل شہ کہہ جائے
فعل حقیقی کرے خدا ج
جگ منہ سکے نہ کر ہم باج

درج بالا اشعار میں خوب محمد چشتی کی علمیت کے ساتھ حضوری کا جذبہ اور اللہ تعالیٰ سے رکھی جانے والی والہانہ عقیدت کا اظہار ہو رہا ہے۔ شاعر نے "عالم جیوں شطرنج کا کھیل" کہہ کر بندوں کی مجبوری اور خدا کی مختاری کو بحسن وخوبی بیان کر دیا ہے۔ اس پر

طرفہ حسن شعری کو ہاتھ سے جانے نہ دیا۔

قدیم اردو کے حمد نگار شعرا نے صنعتوں کا خاص التزام کر کے اپنے حمدیہ اشعار کو خوبصورت پیکر عطا کئے ہیں، لیکن بعض ایسے شعرا بھی پائے جاتے ہیں جن کے یہاں صنعتوں کا استعمال تو ہوا ہے لیکن ان میں آمد ہی آمد ہے آورد کا نام و نشان نہیں ملتا۔ فرط عقیدت میں شاعر نے ایک شعر کہہ دیا لیکن جب اس میں شعری حسن تلاش کیا گیا تو صنعات لغوی و معنوی سے وہ معمور نظر آیا۔ شاہ برہان الدین جانم کے حمدیہ اشعار میں اکثر جگہوں پر ہمیں تجنیس "سیاق الاعداد" کا استعمال نظر آتا ہے۔ مثلاً:

دوہوں جگ سمریں اللہ ایک نام
کہ مخلص و عابد چی ہیں مدام
اللہ واحد سرجن ہار
دو جگ رچنار چی اپار

شعر میں اعداد کے بالالتزام لانے کو "سیاق الاعداد" کہتے ہیں۔ اللہ وحدہ کی صفت بیانی میں شاعر نے اس تجنیس کا برملا استعمال کیا ہے اور شعر میں خوبی پیدا کی ہے۔ ایک حمدیہ شعر میں "تجنیس ترصیع" کا بہترین انداز میں استعمال ہوا ہے:

وہی اسم قاضی ہے حاجات ہے
وہی اسم رافع ہے درجات ہے

یہاں شعر کے دونوں مصرعوں کے الفاظ ہم وزن ہیں۔ شاعر جہاں ایسے الفاظ استعمال کرتا ہے اسے "ترصیع" کہتے ہیں۔ ملا وجہی کی تخلیقات میں اس صنعت کی وافر مثالیں مل جاتی ہیں، بلکہ بعض اشعار تو متواتر اسی صنعت میں مل جاتے ہیں:

توں اول توں آخر توں قادر اہے

توں مالک توں باطن توں ظاہرا ہے

بعض قادر الکلام شعرا کے یہاں تو ایک ہی شعر میں کئی صنعات برتی گئی ہیں۔ تجنیس زائد، ایہام تناسب اور صنعت تضاد کا ایک ساتھ استعمال غواصی کے اس شعر میں ملاحظہ کیجئے:

حمد وفا کے کروں اس پر جواہر نثار
جس سے ہویدا ہوئے نار و نر و نور و نار

ابن نشاطی کا "پھول بن" تو صنعات لفظی و معنوی کا بیش بہا خزانہ ہے۔

نصرتی دکن کا قادر الکلام شاعر ہے "گلشن عشق" اور "علی نامہ" اس کی دو مثنویاں ہیں۔ پہلی مثنوی عشقیہ داستان ہے تو دوسری میں رزمیہ واقعات قلمبند ہوئے ہیں۔ شاعر نے دونوں مثنویوں کے نفس مضمون کا خیال رکھتے ہوئے حمدیہ اشعار میں الفاظ استعمال کئے ہیں۔ "گلشن عشق" کے حمدیہ اشعار میں نرمی، نازکی اور شیفتگی پائی جاتی ہے جبکہ "علی نامہ" میں صلابت و سختی نمایاں ہے۔ شاعر کے تیور دونوں جگہ الگ الگ نوعیت کے نظر آتے ہیں۔ ایک جگہ عشق کی کیفیات دل میں گدگدی پیدا کرتی ہے تو دوسری جگہ جنگی واقعات دل کی دھڑکن کو بڑھا دیتے ہیں اور ان ہی انسانی جذبات کے سہارے شاعر نے حمدیہ اشعار قلمبند کئے ہیں۔

جہاں تک دکنی حکمرانوں کی حمدیہ شاعری کا تعلق ہے تو ان کا کلام خود ان کے اذہان و طبائع کو منکشف کرتا ہے۔ محمد قلی قطب شاہ کے حمدیہ اشعار میں اللہ کی بڑائی کے آگے بندے کا عجز نمایاں نظر آتا ہے۔ وہ بندۂ عاجز بن کر بارگاہ الٰہی میں ثنا و توصیف کے گلہائے معطر پیش کرتے ہیں تو نہایت انکساری کے ساتھ اپنی حاجت روائی کے لیے دست سوال دراز بھی کرتے ہیں۔ ان کی حمدوں میں رقت اور تضرع کی کیفیت پائی جاتی ہے اور

محاسن شعری کا جابجا استعمال بھی:

چندر سور تیرے نور تھے، نس دن کوں نورانی کیا
تیری صفت کن کر سکے، تو آپی میرا ہے جیا
تج نام مج آرام ہے، مج جیو سو تج کام ہے
سب جگ توں تجہ سوں کام ہے تج نام جب مالا ہوا

شعری حسن کو بڑھانے کے لیے قلی قطب شاہ معانیؔ نے صنائع لفظی و معنی کا بہت زیادہ استعمال کیا ہے۔ صنعت ردالعجز کا استعمال دیکھئے شاعر نے کس خوبصورتی سے کیا ہے :

کیا موجود اپنے جمود تھے منج جان غم خوار کوں
دیا ہے جوت اپنے نور تھے، مو طبع انوار کوں

"نورس" کا منصف ابراہیم عادل شاہ ثانی اپنی ہندی روایات میں ہی مگن رہا البتہ اس کے پوتے علی عادل شاہ ثانی شاہیؔ کے کلیات میں ہمیں ایک حمدیہ غزل ملتی ہے اور اس کی مثنوی "خیبر نامہ" میں بھی حمدیہ اشعار مل جاتے ہیں ان میں شعری محاسن تو ملتے ہیں لیکن موثر انداز میں اور فنکارانہ طریقہ پر ان کا استعمال دکھائی نہیں دیتا۔ عبداللہ قطب شاہ بھی محمد قلی قطب شاہ کی طرح صاحب دیوان حکمراں شاعر تھا۔ وجہیؔ، غواصی اور ابن نشاطی جیسے طرز شعرا اس کے دربار سے وابستہ تھے۔ وہ خود بھی کہنہ مشق شاعر تھا۔ اس کے دیوان میں حمد و نعت، مناقب، غزلیں، گیت اور راگ راگنیوں والی نظمیں بھی ملتی ہیں۔ محمد قلی قطب شاہ کے دیوان کے بالمقابل عبداللہ قطب شاہ کا دیوان مختصر ہے۔ جہاں تک حمدیہ شاعری کا تعلق ہے تو شاہان دکن کی حمدیہ شاعری میں جتنی روانی قلی قطب شاہ کے یہاں پائی جاتی ہے ایسی اور کسی شاہ دکن کے کلام میں نہیں پائی جاتی۔ الفاظ

کی پچی کاری اور لے و آہنگ کے مطابق ان کے استعمال میں قلی قطب شاہ کے یہاں فنکارانہ انداز ملتا ہے۔ محاسن شعری کالحاظ اس کے یہاں بدرجۂ اتم پایا جاتا ہے۔ روزمرہ اور ضرب الامثال کے استعمال میں بھی اسے ید طولیٰ حاصل تھا۔

عبداللہ قطب شاہ کے زمانے میں لکھی گئی "پھول بن" (ابن نشاطی) دکنی میں اعلیٰ ادبی معیار کی آخری مثنوی ہے۔ اس کے بعد دکن میں ولیؔ کا شہرہ ہو جاتا ہے اردو شاعری کو نئی سمت عطا ہوتی ہے۔ نظامیؔ سے ولیؔ تک کا دکنی ادب ایک علاحدہ پہچان رکھتا ہے اس لیے اس مضمون میں ولیؔ کے زمانے تک کی حمدیہ (دکنی) شاعری کا جائزہ لیا گیا ہے۔

✳ ✳ ✳

ڈاکٹر مجید بیدار

دکنی مثنویوں میں مناجات کی روایت

مثنوی کی صنف میں شامل خارجی عوامل اور ان کے بے شمار مسائل زیر بحث آچکے ہیں اور ان پر تحقیق کا کام جاری ہے۔ اردو کے بے شمار نقاد اور محققین آج تک بھی ان ہی خارجی معاملات کو اہمیت کے حامل سمجھتے ہیں یعنی اردو کے اکثر دانشوروں نے سطح سمندر اور اس کی خاموش لہروں کا مطالعہ ضرور کیا ہے جبکہ سمندر کے اندر موجود کائنات اور انقلابات پر ہنوز کوئی توجہ نہیں دی۔ مثنویوں کے داخلی عوامل جہاں اپنے اندر بے شمار وسائل رکھتے ہیں وہیں فن مثنوی کے ذریعے دور قدیم کی شاعری میں تمام اصناف کی نمائندگی کے ابواب بھی کھولتے ہیں۔ مرثیہ، قصیدہ، غزل، شہر نامہ کے علاوہ نیچرل شاعری کی عمدہ مثالیں مثنویوں میں موجود ہیں۔ جس کے ساتھ ہی آداب معاشرت، رہن سہن اور روزمرہ زندگی کی نمائندگی بھی مثنویوں کے ذریعے ممکن ہو چکی ہے۔ اخلاقی، سوانحی، داستانوی، متصوفیانہ اساطیری اور عشقیہ مثنویاں لکھ کر اردو کے شعرا نے اس صنف کی ہمہ گیری کی جانب اشارہ کیا۔ دکنی میں لکھے ہوئے نور نامے، معراج نامے، مولود نامے اور ولادت نامے مثنوی کے توسط سے قصیدہ کی صنف کو فروغ دینے کے علمبردار بن جاتے ہیں۔ وفات نامے اور شہادت نامے کے ذریعے مرثیہ کی صنف کی نمائندگی ہو جاتی ہے۔ رزم نامہ کی حیثیت سے نصرتی کا "علی نامہ" ہمارے درمیان موجود

ہے۔ نصرتی نے اپنی مثنوی میں "بیجاپور" اور سراج اورنگ آبادی نے "چوک" کی تعریف کے ذریعے شہر نامہ کی روایت کو آگے بڑھایا ہے۔ ان تمام مثنویوں کا تعلق دکن سے ہے اور دکنی شعرا نے اپنی مثنویوں کے ذریعے جدتوں اور ندرتوں کو فن کے نمونے کے طور پر پیش کیا۔ یہ تمام موضوعات دکنی مثنویوں کے داخلی عوامل ہیں۔ جن پر طویل بحث اور مقالہ نویسی کی گنجائش موجود ہے۔ ادب دوستوں کی دلچسپی اور دکنی مثنویوں کے داخلی اوصاف کی نمائندگی کی غرض سے یہاں دکنی مثنویوں میں شامل ہونے والی مناجاتی کیفیت کو پیش کیا جارہا ہے تاکہ دکن کی مطبوعہ مثنویوں میں "مناجات" کو اس صنف کے لازمہ کی حیثیت سے قبول کرنے کے وصف کی نمائندگی ہو سکے۔ "احسن القواعد" کے مؤلف محمد نجف علی خاں نے مثنوی کے اقسام، اشعار اور اوزان سے بحث کرتے ہوئے لکھا ہے:

"داستان مثنوی کے لیے تمہید شرط ہے اور ربط کلام کا سلسلہ واجب اور مثنوی کے دیباچہ میں کئی چیزیں لازم ہیں توحید، مناجات، نعت، مدح سلطان زماں، تعریف کے دیباچہ میں ان سب باتوں کے موجد حضرت نظامی گنجوی ہیں۔ ان سے پہلے مثنوی کو فقط قصے سے شروع کیا کرتے تھے۔"

"احسن القواعد" کے مؤلف نے مناجات کو آغازِ مثنوی کا لازمہ قرار دیا ہے اور اس اعتبار سے مناجات کو مثنوی کے بنیادی اجزا میں جگہ دی ہے جسے پورے اہتمام کے ساتھ دکنی کے بیشتر مثنوی نگار شعرا نے استعمال کیا۔ دکن میں مثنوی مافوق الفطرت عناصر کے ذکر اور محیر العقول کارناموں کے بیان کے لیے استعمال کی گئی لیکن اس صنف میں تقدس اور احترام کے ذکر کو بھی ملحوظ رکھا گیا ہے۔ حمد، نعت، مناجات اور منقبت ان ہی جذبات کے اظہار کی نمائندگی کرتے ہیں۔ تعریف خداوندی اور دعائیہ کلمات کے

ساتھ اگر شاعر ایک ذی روح کی حیثیت سے اپنی لاچاری اور مجبوری ظاہر کرے تو ایسا شعری رویہ "مناجات" کہلاتا ہے۔ دکن میں عرصہ دراز تک مثنویوں میں اس شعری رویے کو رواج دیا جاتا رہا۔ "مناجات" ایک ایسی طرز شاعری ہے جس میں تعریف خداوندی، انسانی بیکسی، انکساری و عاجزی، خدا سے نجات طلبی، حمدیہ استدلال کے علاوہ دعائیہ رویہ اختیار کیا جاتا ہے جس کی وجہ سے مناجات میں حمد و دعا کا ایک حسین مرقع بن جاتی ہے۔ شاعر کے زور بیان اور التجا کی خصوصیت کی وجہ سے مناجات میں ہمہ گیری پیدا ہوتی ہے اردو کی بیشتر مناجاتوں میں یہ تاثیر دکھائی دیتی ہے۔

فرہنگ آصفیہ، جامع اللغات، نور اللغات اور دوسری لغت کی کتابوں میں "مناجات" کے لغوی اور فنی معنی بیان کیے گئے ہیں چنانچہ مناجات کے معنی کسی سے اپنا بھید کہنا یا پھر طلب نجات کے لئے خدا کی بارگاہ میں دعا کرنا کے لئے واضح کئے گئے ہیں۔ منت اور سماجت کے ساتھ خدا کے حضور میں گڑگڑانے کا عمل "مناجات" کی دلیل ہے۔ جس طرح ایک آدمی اپنے دل کا حال بیان کر کے تمام حالات حسب منشا ہونے کے لئے خدا سے درخواست کرتا ہے اسی طرح کسی شاعری یا نظم میں خدا کی تعریف اور اپنی عاجزی کا اظہار کر کے دعا اور التجا کو روا رکھا جائے تو اسے جامع اللغات کے مؤلف "مناجات" قرار دیتے ہیں۔ اردو کتب میں "مناجات" کے معنی اور توضیحات تو ضرور دیئے گئے ہیں لیکن اس طرز شاعری کے اجزائے ترکیبی پر غور نہیں کیا گیا اور نہ ہی اس کے اصول مدون کیے گئے۔ فنی اعتبار سے مناجات کے اجزائے ترکیبی حسب ذیل ہیں:

(۱) تعریف خداوندی

(۲) انسانی بے کسی و عاجزی

(۳) نجات طلبی

(۴)حمدیہ استدلال

(۵)دعائیہ

دکن کے مثنوی نگار شعرا کی مناجاتوں میں ان عوامل کی موجودگی نمایاں ہے ایک محتاط اندازے کے مطابق اب تک ۳۳دکنی مثنویاں وقیع مقدموں کے ساتھ شائع ہو چکی ہیں جن میں بیشتر مثنویاں "مناجات" کے وصف سے مالامال ہیں۔ جن کا مختصر تعارف پیش ہے۔

(۱)مناجات غواصی: دبستان دکن کے تین بڑے شعرا میں شمار کیے جانے والا عبد اللہ قطب شاہ کے عہد کا ملک الشعرا تھا۔ اس کی تین مثنویاں "میناوست و نتی" (۱۶۱۲)، "سیف الملک بدیع الجمال" (۱۶۲۵) اور "طوطی نامہ" (۱۶۳۹) کی تصانیف ہیں۔ غواصی نے "سیف الملک بدیع الجمال" میں جو مناجاتی رویہ اختیار کیا ہے وہ ملاحظہ ہو:

رحیما سچا توں غنی ہو رے
غنی تج بغیر نیں کوئی رے

تو مقبول ہے مقبلاں کا سچیں
نہیں نور روشن دلاں کا سچیں

جو کئی زندہ دل ہے توں ان کا حیات
جو کئی ہو رہے تج سات توں ان کے سات

جو ہوں میں الٰہی ترا داس میں
کیا ہوں بہت ایک تری آس میں

توں مجھ داس پر کھول در فیض کا
میرے من میں بھر، اثر فیض کا

طراوت دے مج آس کے باغ کوں
دوا بخش منج درد کے داغ کوں
وفا میں بڑا کر جو اں مرد منج
ترے باٹ کا کر کے رکھ گرد منج
عطا کر منجے کچ ترے نانوں سوں
دے پرواز مجکوں بلند دہانوں سوں
ترے نور کی راہ دکھانا منجے
دلا عاقبت کا بچھانا منجے
جلا دے مرے جیو کی آگ کوں
دے رنگ باس منج دل کی پھل پھانگ کوں
سدا کسب میرا سوا اخلاص کر
ترے خاص بندوں میں منج خاص کر
جگا جوت تج دھیان کیرا رتن
مرے من کے صندوق میں اک جتن
ہماں کر منجے باٹ کے اوج کا
شہنشاہ کر گیان کی فوج کا

غواصیؔ نے اس مناجات میں فن کے تمام تقاضوں کی تکمیل کی ہے مناجات کے لیے درکار معروضہ، مدح اور التجا جیسے لوازمات کی بہترین پذیرائی غواصی کی اس مناجات میں موجود ہے۔ اگر غواصی کی دوسری مثنوی "میناوست ونتی "کا مطالعہ کیا جاتا ہے تو اس کی ابتدا میں حمد کے دوران بھی غواصی مناجاتی رویہ کی بنیاد رکھتا ہے۔ قدیم اردو" جلد اول

۱۹۶۵ء مرتبہ ڈاکٹر مسعود حسین خان کا پہلا مقالہ ڈاکٹر غلام عمر خاں نے "میناستونتی" کے تعارف اور اس کی ادبی عظمت پر تحریر کیا ہے جس میں تحقیقی جواز کے ساتھ "میناستونتی" کا قلمی نسخہ مرتب کیا گیا ہے ذیل میں "میناستونتی" کے حمدیہ اشعار سے منتخب مناجات پیش کی جارہی ہے:

الٰہی شرم دھرم تج پاس ہے
ہمن کو ترے کرم کی آس ہے
تو ستار ہے عیب داراں ہمیں
تو کرتار ہے خوار زاراں ہمیں
گنہ میں نپٹ چور، ہیں اے قوی
دلاں پر دکھا تازگی نت نوی

غواصی کی مناجاتوں کے مطالعہ سے اندازہ ہوتا ہے کہ اس نے اپنے عہد کے تقاضے کے مطابق مثنوی میں حمد و نعت اور منقبت کے علاوہ مناجات کو جگہ دے کر خدا پرستی اور بندگی کا ثبوت دیا ہے جس سے اس کی مذہب دوستی اور بارگاہ خداوندی میں مودبانہ معروضہ پیش کرنے کی خصلت کا علم ہوتا ہے۔ مناجات کے دوران خدا کی برتری اور اپنی بے بسی کو پیش نظر رکھنا "فن" کی سب سے بڑی ضرورت ہے اور اس مرحلہ میں بھی غواصی ثابت قدم نظر آتا ہے اسی لیے غواصی کو دکن کا ایک کامیاب "مناجات نویس" کہا جائے تو بے جا نہ ہوگا۔

(۲) مناجات مقیمی: مرزا محمد مقیم بیجاپوری کی عادل شاہی سلطنت ۱۴۹۰ء تا ۱۶۸۵ء سے وابستہ ایک مشہور مثنوی نگار شاعر ہے اس کی مثنوی "چندر بدن و مہیار" کی سنہ تالیف ۱۰۳۵ھ تا ۱۰۵۰ھ سمجھی جاتی ہے۔ اسی مثنوی میں مقیمی نے مناجات کی

روایت کو بر قرار رکھا ہے۔

مقیمی کی زندگی کے حالات بیان کرتے ہوئے ڈاکٹر سید محی الدین قادری زور " تذکرے اردو مخطوطات " جلد اول، ص:۳۷ پر لکھتے ہیں:

" مقیمی کا نام مرزا محمد مقیم تھا۔ جو استر آباد ایران کے ایک سید خاندان کا فرد تھا۔ باپ کے ساتھ مقامات مقدسہ کی زیارت کے لیے وطن سے نکلا۔ واپسی پر شیر از میں مقیم ہو گیا اور سرپرستی کی خاطر بیجاپور چلا آیا تھا۔ یہاں اس کا ہم وطن فروتنی استر آباد موجود تھا اور تاریخ نگاری کا کام انجام دے رہا تھا چنانچہ اس تاریخ (فتوحات عادل شاہی) میں اس کے حالات کے بیان ہم وطن شاعر کی حیثیت سے ذکر کیا ہے اور اس کے بعد میر ابراہیم بن میر حسن نے بھی "احوال بادشاہان بیجاپور" میں اس کے فارسی دیوان اور اردو کلام کا تذکرہ کیا ہے۔"

ڈاکٹر زور نے اردو "شہ پارے" اور نسخہ برٹش میوزیم کے حوالے سے اپنی تحقیق کی تصدیق کی ہے جبکہ ڈاکٹر جمیل جالبی نے "تاریخ ادب اردو جلد اول" کے صفحہ ۲۳۵ اور ۲۳۷ پر مرزا محمد مقیم اور مقیمی دو الگ اشخاص کے نام ہونے کا ثبوت پیش کیا ہے۔ چنانچہ وہ لکھتے ہیں:

" مرزا محمد مقیم جو دکن ہی میں ۱۰۱۰ھ۔ ۱۰۱۵ھ ۱۶۰۱/ ء۔ ۱۶۰۶ء کے درمیان پیدا ہوا اور جس نے ۱۰۷۵ھ ۱۰۸۵/ ھ م ۱۶۶۴ء۔ ۱۶۶۹ء کے درمیان وفات پائی۔ "

ڈاکٹر جمیل جالبی نے مقدمہ "چندر بدن و مہیار" مرتبہ کبیر الدین صدیقی کے علاوہ "دکن میں اردو" اور "اردو شہ پارے" کے حوالے سے یہ بات ثابت کی ہے کہ اس مثنوی کے علاوہ مقیمی نے مزید ایک مثنوی "فتح نامہ بکھیری" لکھی جو انجمن ترقی اردو پاکستان کراچی کے کتب خانہ میں مخطوطہ کی شکل میں محفوظ ہے۔ مقیمی بدن و مہیار میں

مناجات کے وصف کو نمایاں کیا ہے جس کا نمونہ پیش ہے:

مجے فیض کچ بخش تج دھیان کا
الٰہی تو حافظ ہے ایمان کا
مرا دین ایمان سارا سوں توں
مرے جیو میں کیتا ہے ٹھارا سو توں
مجے جگ میں یارب پر امید کر
اتن کے بچن کوں توں جاوید کر
خدایا تو داناں ہے مجہ حال پر
کہ چو کیاں ہوں یا چوک افعال پر
نہیں مجہ عقل نیک افعال سوں
ڈھلیاں نفس غفلت میں بد حال سوں
نہ طاقت کدھیں کچ عبادت کیا
نہ تیرے امر کی اطاعت کیا
کیا نفس سرکش سو اس دھات کے
سکیا نیں پکڑنے اپر ہات کے
کہ غالب ہو مچ پر اہے نفس یوں
ترنگ کوں چلادے چڑنہاں جوں
کہ پکڑیا ہوں یاں آس ہو شرم سار
کہ اپنے کرم سوں بخش منج غفار

"مثنوی چندر بدن و مہیار" کو ۱۹۵۶ء میں محمد اکبر الدین صدیقی نے مرتب کیا، جس

کے مقدمہ میں مثنوی اور مقیمی کی تفصیلات تحقیقی طور پر پیش کئے گئے ہیں مقیمی اگرچہ ایک مثنوی نگار شاعر ہے اور بقول ڈاکٹر جمیل جالبی اس کی مثنوی میں تسلسل اور ترتیب کے دوران جھول پایا جاتا ہے تاہم اس کی مناجات نگاری نہ صرف دل پذیر اور حد درجہ متاثر کن ہے بلکہ لوازمات مناجات کی پوری طرح نمائندگی بھی اس کے فن کی زینت ہے۔ خدا کے اوصاف کا ذکر اور اپنی بے چارگی کو جس خوبی اور تسلسل کے ساتھ مقیمی نے نظم کیا ہے وہ اس فن کا وصف ہے۔ بیجاپور کے ایک نمائندہ مناجات نگار شاعر کی حیثیت سے مقیمی کا ادبی مرتبہ نہ صرف بلند ہے بلکہ اس کی زبان و بیان کی خوبی کو بھی سراہا جائے گا۔

(۳) مناجات عاجزؔ: دکن میں مثنوی نگاری کے دوران "مناجات" کی روایت کو فروغ دینے والے شاعروں میں محمد بن احمد عاجز کو بھی خاص اہمیت حاصل ہے اس کی مثنوی "لیلیٰ مجنوں" میں کہانی کے علاوہ مناجات کا انداز بھی نمایاں ہے۔ عاجز کے حالات بیان کرتے ہوئے ڈاکٹر جمیل جالبی نے "تاریخ ادب اردو" جلد اول، ص:۲۴۷ پر اسے شیخ احمد گجراتی کا بیٹا اور دو مثنویوں "یوسف زلیخا" (۱۰۴۴ھ ۱۶۳۴/ء)، "لیلیٰ مجنوں" (۱۰۴۶ھ ۱۶۳۶/ء) کا مصنف بتایا ہے۔ ڈاکٹر غلام عمر خاں نے مثنوی "لیلیٰ مجنوں" سلسلۂ مطبوعات قدیم اردو عثمانیہ یونیورسٹی کے توسط سے وقیع مقدمہ کے ذریعے ۱۹۶۷ء میں شائع کی جس میں عاجز کے خاندان اور شاعری کی تفصیلات درج ہیں۔ ذیل میں اس کی مثنوی "لیلیٰ مجنوں" سے مناجات کے اشعار پیش کئے جاتے ہیں:

فکر میں بہوت ایک نس میں ڈوبیا
مناجات کر حق کنے یوں منگیا
توں ہے قبلہ حاجات مشکل کشا

دے توفیق منج کوں کہوں سب صفا
ہو ادل میں الہام اوہام کوں
رواں ہو چلیا شعر ارقام کوں
مدد کر دے پیر پیران مراد
یادیں جن کے برکت مریداں مداد
محمد اہے سیم معشوق اول
دوجا میم جو ہے سو حیراں نسل
کرم رحم منج پر ہوں بندا تمھیں
مریدی میں عاجز ہے ثابت یقیں

عاجز کی مثنوی میں "مناجاتی عمل" حد درجہ نمایاں ہے اور مناجات کے دوران وہ خدا کے بجائے پیران پیر اور حضرت محمد صلعم سے مدد کا طلب گار ہے اور یہ عمل مناجات میں خدا سے طلب کے باہر ہے۔ تاہم یہ احساس ضرور ہوتا ہے کہ عاجز کی دکنی زبان پر جدید رنگ کی چھاپ ہے اور قدیم انداز رفتہ رفتہ میٹھی زبان سے ہم آہنگ ہوتا جارہا ہے یہ عمل دکنی پر فارسی کے غلبہ کی صورت میں نمایاں ہوتا ہے۔

(۴) مناجات ابن نشاطی: مثنوی نگاروں کی فہرست میں شیخ محمد مظہر الدین بن شیخ فخر الدین ابن نشاطی اپنی مثنوی "پھول بن" کی وجہ سے دکن کے منفرد شاعروں میں شمار کیا جاتا ہے یہ مثنوی شیخ چاند مرحوم کے طویل تحقیقی مقدمہ ۱۹۵۵ء کے ساتھ انجمن ترقی اردو، پاکستان سے شائع کی گئی۔ "پھول بن" عبد اللہ قطب شاہ کے عہد میں لکھی گئی اس کا سنہ تصنیف ۱۰۶۶ھ م ۱۶۵۵ء ہے ابن نشاطی دربار سے وابستہ نہیں تھا اور اس نے اپنی مثنوی میں عوامی ماحول کی ترجمانی کی ہے۔ ابن نشاطی کے انشا پرداز ہونے اور صنائع و

بدائع کو مثنوی میں سمونے کا ذکر ڈاکٹر جمیل جالبی نے بطور خاص اپنے تحقیقی مقالوں میں کیا ہے "پھول بن" میں موجود "مناجاتی اشعار" پیش ہیں:

الٰہی غیب کے پردے ستی توں
میرے مطلب کے شاہد کا دکھاموں
توں کر دل کو میرے آئینہ کردار
محبت کا جو دیکھوں تس میں دیدار
مجھے توں عشق میں ثابت قدم رکھ
سدا عزت کی صف میں محترم رکھ
محبت سوں تری دے آشنائی
کہے میں "آشنائی۔ روشنائی"
تری باتوں کوں سننے گوش دے گوش
سمجھنے راز تیرا ہوش دے ہوش
مٹھائی دے شکر کی منج زباں کوں
توچشمہ شہد کا کر مجھ دہاں کوں
اگر دنیاں زیادہ نیں تو نیں غم
ولے توں دین کوں میرے نہ کر کم
شکر کر توں سدا گفتار میرا
ہنر کا گرم کر بازار میرا
دے بخشش مجھ ولایت شاعری کا
تو کشور کر عطا مجھ ظاہری کا

میرے خالے کوں دے گوہر فشانی
کبھی نا دے نامیکوں خوبی کی نشانی
مطول کر توں میری زندگانی
توں برخوردار کر میری جوانی
میرے دے ہاتھ میں موسیٰ کے اعجاز
میری دے بات میں عیسیٰ کے اعجاز
مجھ آئینے کوں دل کے، دے جلا توں
صدا صحت کی راحت سوں چلا توں
دنیا کی ہیبتاں سوں رکھ توں ایمن
نگہ رکھ توں ہر یک آفت سوں لغس دن
زبونی سوں نگہ رکھ تن کوں میرے
امانت رکھ خزاں سوں بن کوں میرے
نہ رہے تیوں دور کر مجھ دل کی سستی
ہمیشہ مجھ کوں دے تو تندرستی
وہ کیا رحمت ہے تیرا اللہ اللہ
کیا لا تقنطو من رحمت اللہ
دریا رحمت کی جس دن آئیں گی جوش
نہ کر ابن نشاطی کوں فراموش
گنہ کوں گرچہ میرے نیں ہے غایت
ولے رحمت ہے تیرا بے نہایت

گواہی دیویں گے جس وقت روں روں
ہو مجھ ابن نشاطی کے سکوں توں
کدورت سو صفا کہ راہ میرا
نبی کوں کر، شفاعت خواہ میرا
صفا کا راہ دکھلا مجھ صفا کا
صفا کا راہ جو ہے مصطفی کا
دیا توں آرسی کوں دلکی چھلگار
رکھیا ہے ناتواں غفلت کا توں زنگار
میرے سب تن میں بھرا اسرار تیرا
نین دیکھن کوں دے دیدار تیرا

ابن نشاطی نے مثنوی "پھول بن" کے ذریعہ جس مناجاتی پیرائے کو استعمال کیا ہے اس میں ترتیب اور تسلسل کی فراوانی کی وجہ بیانیہ پوری طرح اجاگر ہوتا ہے تاہم تمام تر مناجات شاعر کی ذات اور اس کے ارتقا کے اطراف گھومتی ہے جس سے اندازہ ہوتا ہے کہ ابن نشاطی نے شخصی اور ذاتی درجے بلند کرنے کی آرزو میں یہ مناجات تحریر کی ہے اور ابن نشاطی کی مناجات میں انکساری اور مدعا کا انداز اس قدر غالب ہے کہ توصیف خداوندی پر شاعر کی توجہ مرکوز ہونے کے باوجود بھی شخصیت کے ظاہر و باطن کو منور کرنے کی تمنا آئینہ دار ہو جاتی ہے۔ غرض ابن نشاطی کی مناجات میں شاعر اپنے ظاہر و باطن کو سنوارنے کی التجا کرتے ہوئے خدا سے مدد کا طلب گار ہے۔ اس طرح ابن نشاطی کی مناجات دیگر دکنی شعرا کی مناجات سے مختلف انداز کی نمائندہ ہے۔

(۵) مناجات ملا نصرتی: محمد نصرت نصرتی "عادل شاہی دور" کا سب سے بڑا شاعر

گزرا ہے۔ وہ علی عادل شاہی کے عہد کا ملک الشعرا بھی تھا۔ اس کی مثنوی "گلشن عشق" ۱۶۵۷ء اور مثنوی "علی نامہ" ۱۶۶۵ء کی تصنیف ہے۔ وہ شاہی کے بچپن کا ساتھی ہونے کے علاوہ بادشاہ کے رزم اور بزم کا بھی شریک کار تھا۔ "تاریخ سکندری" اسی تعلق کی یادگار ہے۔ مولوی عبدالحق نے "نصرتی" نامی کتاب میں اس کے فن کا محاکمہ کرتے ہوئے اسے اردو کا ایک بہترین "رزمیہ شاعر" قرار دیا ہے۔ ملا نصرتی کی مثنوی "علی نامہ" اور رزمیہ کی بنیاد کا درجہ رکھتی ہے۔ "علی نامہ" میں نصرتی نے ایک طویل "مناجات" لکھی ہے جس میں اس کے فن کی جولانی دکھائی دیتی ہے۔ جو قارئین کی دلچسپی کے لیے پیش خدمت ہے:

الٰہی ترا مہر، عالم نواز
کر نہار دریاں کو نت سرفراز
تو دانا و بینا قدیم و حکیم
تو عارف ہے کامل سمجھ تجھ عظیم
تو بولیا سو حق ہے ہمن شان میں
ظلوماً جہولا جو قرآن میں
ہمن کل جو پنچے سو دن پانچ کے
ممیز تو نیں جھوٹ ہور ساتھ کے
ہمیں کیا ہیں ہور کیا ہمارا سمج
زکام آنہارے سے نو یک بے وجے
نکل جہل تے ناہو عالم ہمے
ہمن نفس پر نت ظام ہمے

رکھے روشنی سٹ اندھارے میں موں

کریا کیا نفا چاند شب کور کوں

ہوئے خوب دسنے سے معذور آہ

بسر راج مارگ پڑے دور آہ

توں اوباٹ دکھلا مجے کر کرم

کہ منزل کوں اپڑوں شب آخر قدم

غنی توں خزینے میں تجھ کم ہے کیا

ہمن بندگی بن توں پر کم ہے کیا

بدھانے کوں واں دشمناں میں رواج

عبادت ہمن یاں توں آریا ہے آج

مرکب ہے پن جہل ہمناں میں او

نہ کچھ خوب کام آئے یک پل بی ہو

لے آویں گے آخر جو پا کانِ حق

عبادت کے تحفیاں کوں بھر بھر طبق

کیا ہوں گنہ سو عبادت کے ٹھانوں

دریغا کے میں اس گھڑی کیا لیجاؤں

گنہ پر میرے عجزیاں کوں ڈھانک

نہوے بست کچھ دیکھنے میں تو جھانک

نہ کاڑ اس تے سرپوش دانائے غیب

کہ ہے دشمناں میں تو ستار عیب

پنجہ میں تو عاجز ہوں یک مشتِ خاک
توں حاکم ہے تیرا رکھیا روحِ پاک
اچھے ہات عاجز کے تدبیر کیا
توں مختارِ کل، مجھ پہ تقصیر کیا
مجے خوب کاماں کی توفیق دے
اچھے حق سو کر مجھ پہ تحقیق دے
طمع کوں نکو ہونے دے بد کی کال
میری دین دنیا میں عزت سنبھال
قناعت کا دنیا میں دے گنج مجھ
صبوری میں دل کا کر گہر سنج مجھ
تگ و دو کی دنیا تے سب جھاڑ دھول
میرے دل کے دامن کوں کر پاک پھول
مجھے حرص کے سوس لاؤں نکوں
میرا آبرو مجھ پلاؤں نکوں
نہ خواری سو کر کر پھرا حسن مجے
توں حاجت روا ہوا اچھے بس مجے
الٰہی تیرا مجھ کو یہ دین بھائے
دو عالم میں تیرا دیا کام آئے
دہے باجہ ہچ پر تم جہاں
سکھے تجھ کرم تے زمیں آسماں

مرے دل کوں سب گل تے کر بے نیاز
عنایت سوں تیر پیچ رکھ سر فراز
مجھے عشق دنیائے مردار کا
نجاست میں پاڑیا ہے یکبار کا
نکو کر ہو آخرت اسی میں ہلاک
کہ جیو پاک ہے، رکھ نجاست سے پاک
مرے نین کوں دے تو اس دھات نور
کہ تا تجھ تجلی کا دیکھوں ظہور
کر ایسے سنن ہار مجھ دل کے گوش
جو اوبالے بال آکہ انپڑائیں ہوش
ترے دھیان کا جم اہے شہد مل
محبت میں تجھ، کر مرا موم دل
مری طبع کے گل میں ہو رنگ رس
گیت اور پر گیٹ سدا تو نچھ بس
نپا چک میں مجھ مغفرت کا انجن
کہ ہر شہ میں دس آئے توں ہے سو دھن
پلا مجھ محبت کا ایسا شراب
کہ ہو مست بسروں وجگ کا حساب
مرے مکھ سے کاڑ اس اثر کا کلام
کہ ہر بول ہوئے، مئے پرستاں کو جام

دھر تہا اثر حال کا قال دے
دلاں کو جم، اس قال تے حال دے
بھریا اک مرے دم میں افسوں سدا
کہ جگ میں ہو مسخریوں سن کر خدا
مرے شعر سوں زندہ کر ہر شعور
سمجھ مجھ بچن تے توں کر جگ میں پور
مری بات انگے بحث کر سب کی رد
سخن کر مرا عارفاں میں سند
سیاہی کوں کر میری ظمات دھات
قلم میں مرے خضر کی دے صفات
کہ ظلمات میں اس، جو یو خضر جائے
برسنے کو امرت، یہاں ہو کے آئے
گلستاں میں ہر انجمن کی دھرا
مرے خوش سفینے کا بستاں سرا
جو اٹکے نظر آ کے باریک بیں
تو ہر بیت کے خوش محل میں یقیں
دکھاوے میرے پر، وہ فکرِ سکوں
ہر ایک تازہ مضموں کے بکر موں
مرے فن کے پن کو عطا کر وہ آب
کہ ہر پھول ہوئے چشمۂ پُر گلاب

ہر اک پھول کو دے تو اس دھات رنگ
کہ ہوئے صباد یکھ خورشید دنگ
حروفاں میں بھریوں معانی کا رس
کہ ہوئے منے کو امرت اوپنے کی ہوس
اپن شعر مجھ جگ پہ نت نقش ہو
سورج کے نگینے پہ سکہ کرو
مرے مس کوں کر تجھ کرم سے طلا
ہریک نگ کو خورشید تے دے جلا
خیالاں کو مجھ باو کے اوج دے
طبیعت کو دریا کے نت موج دے
میرے جیب کو سلف کر آبدار
عنایت کی اک دم سو نت تیز دھار
کہ ٹک جس طرف آ بہے او زباں
گزر آئے گر موشگافی وہاں
ترے فن کو قوت سوں مجھ مست کر
ہنر سب میں میرا، زبردست کر
کھڑا جاں ہورن، کانپ دے مجھ قلم
مرا نام نصرت سوں کرواں علم
کرامت میرے فن میں رکھ یوں نہاں
کہ سنتے بچن ہوئے تماشا عیاں

مرا شعر کر دے زمانے کو برد
یوں ہر بیت اچھو شیر مرداں کو ورد
معانی تے تس قرب مرداں کو دے
شکست جنگ جوئی کا گرداں کو دے
کہ کر تیں غزا غازیاں نت نوی
سدا ہوئے دینِ محمد قوی
کہوں، نعت شہ کا اس نامور
نوازیا گیا جس کھرگ کے ظفر

مثنوی "علی نامہ" پروفیسر عبد المجید صدیقی کے زیر اہتمام ۱۹۵۹ء میں معہ مقدمہ شائع ہوئی۔ "علی نامہ" کے ذریعہ محمد نصرت نصرتی نے جس مناجاتی عمل کو روا رکھا ہے اس کی سب سے بڑی خصوصیت یہی ہے کہ نصرتی نے تعریف خداوندی اور اپنی انکساری کے ساتھ جو دعائیہ کلمات ادا کئے ہیں اس میں اپنے کلام اور شاعری میں تاثیر پیدا کرنے کی گزارش کے ساتھ خدا سے یہ التجا کی گئی ہے کہ وہ شاعر کے شعر میں ایسے اوصاف پیدا کر دے کہ جس کی وجہ سے اس کا فن نمایاں ہو جائے اور اس کے لفظ و معنی میں دل کو گرفت میں لینے اور ظفر مندی حاصل کرنے کی خصوصیت پیدا ہو جائے۔ نصرتی کا یہ دعائیہ استدلال حد درجہ انفرادی ہونے کے علاوہ اپنے سابق اور معاصر شعرا کے مقابلہ میں انتہائی جدید ہے۔ اس کے علاوہ نصرتی نے قلم سے تلوار کا کام انجام دینے کا ذکر کرتے ہوئے مثنوی "علی نامہ" میں پہلی مرتبہ شعر کے ذریعہ زبان، حروف، معانی، خیالات، فکر اور فن کے علاوہ ادب کی پرورش کی طرف اشارہ کیا ہے۔ اس نے اپنی "مناجات" میں خدا سے بے مثل تمنائیں وابستہ کی ہیں۔ اس اعتبار سے نصرتی کی مناجات

میں جہاں انفرادیت ہے وہیں انسان کی بے بسی و بے چارگی کے علاوہ ایسی خواہشات کا اظہار بھی ملتا ہے جو خودی کا خصوصی وصف ہے۔ چنانچہ نصرتی اپنی عاجزی کو نمایاں کرتے ہوئے یہ لکھتا ہے کہ خدا اسے لالچ سے دور رکھے اور قناعت کا خزانہ عطا کرے اور ایسی شراب پلائے کہ وہ دنیاداری سے بے نیاز ہو جائے۔ نصرتی نے اپنی "مناجات" میں دین و دنیا کے استوار ہونے اور نیک انسان بنانے کے علاوہ دین محمد کو قوت عطا کرنے کی دعا بھی کی ہے۔ اس طویل مناجات میں تمام مناجاتی اوصاف موجود ہیں۔ اس لیے اردو مناجات کی تاریخ میں نصرتی کی مناجات کو خاص مقام حاصل ہے۔ "علی نامہ" میں موجود مناجات کو اردو کی چند اہم مناجاتوں میں شمار کیا جاسکتا ہے۔

(٦) مناجات وجدی: شیخ وجیہ الدین وجدی کی مثنوی "پنچھی باچھا" در حقیقت شیخ فرید الدین عطار کی تصنیف "منطق الطیر" کا دکنی ترجمہ ہے۔ ڈاکٹر زور قادری یہ لکھتے ہیں کہ وجدی نے ۱۱۴۶ء میں مثنوی "پنچھی باچھا" قلمبند کی۔ وجدی زوال سلاطین دکن کے بعد کے ایک مشہور صوفی شاعر تھے جنھوں نے قدیم ذوق سخن کو جاری رکھا۔ یہ ٹھیٹ دکنی طرز کے آخری شعرا میں سے ہیں۔ منطق الطیر کے ترجمہ کے علاوہ وجدی نے فارسی مثنوی "گل وہرمز" کا "تحفۂ عاشقاں" کے نام سے ۱۱۱۵ھ میں ترجمہ کیا۔ دیگر کتابوں میں "باغ جاں فزا" ۱۱۴۵ھ اور ایک دکنی عدم دستیاب دیوان بھی شامل ہے۔ "پنچھی باچھا" کے دو نسخے "پنچھی نامہ" کے نام سے مطبع محمدی بمبئی سے سید غلام حسین شاہ نے ۱۲۴۵ھ، م ۱۸۲۹ء اور قاضی ابراہیم بن قاضی نور محمد نے ۱۲۷۴ھ، م ۱۸۵۷ء میں شائع کروایا۔ پروفیسر سید محمد نے اس مثنوی کو تحقیقی مقدمہ کے ساتھ ۱۹۵۹ء میں سالار جنگ پبلشنگ کمیٹی، حیدرآباد سے شائع کروایا۔ وجدی کی مثنوی "پنچھی باچھا" میں موجود "مناجات" کے مطالعہ سے اندازہ ہوتا ہے کہ اس نے "مناجاتی عوامل" کا لحاظ رکھتے

ہوئے خدا کے روبرو خاکساری اور فروتنی خلقی دکھائی ہے۔ وجدی کی مناجات کے اشعار پیش ہیں:

بول اپنے ہاتھ اوٹھا اے کردگار
معصیت سے مجھ کو مت رکھ شرمسار
تجھ سوا ہم اے خدا کس پاس جائیں
تو نہیں چاہا تو ہم کس کے کہائیں
اس خودی میں ہے تجھے مستی حلال
جس میں ہیں عکس صفاتِ ذوالجلال
بندگی میں حق کی باندھ اپنی کمر
تاکہ ہو فربہ ولے با کرو فر
نفس ہے فرعون اسے کر سیر مت
تا نہ ہو مغرور وہ کافر صفت
گرچہ روئے یا پکارے زار زار
وہ نہ ہو آخر مسلماں ہوشیار
تن کو تو فربہ نہ کر بکرے مثال
تاکہ نہ ہو جاوے خوں تیرا حلال
خوابِ غفلت ہے یہ دنیا سربسر
اس میں تو غافل نہ ہو اے بے خبر
گر رہا یک شہر میں ساری عمر
جو رہے ہر آس کو جاتا بھول کر

خواب میں جب شہر دوسرا دیکھتا
بوچھتا شہر قدیمی ہے میرا
شہر کا اپنے نہیں کرتا خیال
خواب میں ایسا ہے ہر ہر کا خیال
روح ایسا ہے مقام اپنے کو بھول
کیا عجب اس خواب میں گر ہو ملول

وجدی نے اسے "مناجات در تبنیہ نفس خویش" کا عنوان دیا ہے جبکہ اس کی مناجات میں "مناجاتی عناصر" کی کمی اور اس فن کے لیے درکار لوازمات کی پابجائی بھی خال خال نظر آتی ہے۔ اگرچہ وجدی نے التجا کے عنصر کو روا رکھا ہے لیکن مناجاتی طرز یعنی انسان کے بے بساطی اور اس کی بے چارگی کا ذکر اس مناجات میں اپنا اثر نہیں دکھاتا جس کی وجہ سے وجدی کی مناجات اس طرز کا وصف رکھنے کے باوجود بھی فنی اور مناجاتی انداز سے بے نیاز ہوتی ہے اس کے باوجود بھی وجدی کی مناجات کا ذکر اس لیے لازمی ہے کہ وہ دکن کے مناجات نگار شعرا کی صف میں شامل ہے۔

(۷) مناجات سراج: دکن میں اردو غزل کی نشو و نما کا سہرا ولی اور سراجؔ کے سر جاتا ہے۔ سراج کا تعلق اورنگ آباد سے تھا۔ وہ ایک ایسے دور کے پروردہ ہیں جبکہ دکن پر مغل شہنشاہ اورنگ زیب کا قبضہ ہو چکا تھا اور دکنی پر دہلوی یا پھر شاہ جہاں آبادی کے اثرات گہرے ہونے لگے تھے اور رفتہ رفتہ دکنی زبان دہلوی محاورہ سے قریب اور دکنی محاورے سے دور ہوتی جا رہی تھی۔

"سراج اورنگ آبادی۔ شخصیت اور عہد" کے مصنف سید شفقت رضوی کے مطابق ۱۳ صفر ۱۱۲۴ھ م مارچ ۱۷۱۲ء بہ روز دو شنبہ اورنگ آباد کے ایک سادات

گھرانے میں پیدا ہونے والے لڑکے کا تاریخی نام "ظہور احد" رکھا گیا جو سید سراج الدین سراج اورنگ آبادی کے نام سے مشہور ہوا۔ یعنی اورنگ زیب کی رحلت کے آٹھ سال کے بعد شاہ عالم کے عہد میں سراج پیدا ہوئے جبکہ نظام الملک آصف جاہ اول میر قمر الدین علی خان دکن میں اپنا اثر و رسوخ بڑھا چکے تھے۔ سراج اورنگ آبادی نے ۴ شوال ۱۱۷۷ھ م ۶۴۔۱۷۶۳ء بروز جمعہ بوقت نماز پیشین اس دار فانی سے کوچ کیا۔ اردو غزل میں سراج اورنگ آبادی کا اپنا منفرد انداز ہے۔ تاہم سراج اورنگ آبادی کی شہرہ آفاق مثنوی "بوستان خیال" ۱۱۶۰ھ م ۱۷۴۷ء میں ان کے مناجاتی رویہ کی نشاندہی ملتی ہے۔ سراج اورنگ آبادی نے اپنی مناجات میں عام انداز سے بالکل جداگانہ رویہ اختیار کیا ہے۔ وہ خدا کی برتری کا ذکر اور اس سے التجا کرتے ہوئے گناہوں اور برائیوں سے نجات کے بجائے حسینوں کی اداؤں اور ان کی دلربائیوں سے نجات کا ذکر کرتے اور نور قدیمی کی جھلک دکھانے کی التجا کرتے ہیں۔ "بوستان خیال" کے آخری بند سے "مناجاتی اشعار" پیش کئے جاتے ہیں:

دعا کو یہی ہات اٹھا حق کے پاس
کہ جاوے ترے پاس سے غم کی باس
کسی سے نہ اب غیر حق بات کر
نپٹ التجا سے مناجات کر
الٰہی بتوں سے مرا دل پھرا
کہ ہرگز نہیں ان میں نام وفا
مجھے ان کی زلفوں کے خم سے نکال
کہ آئے گا ایماں پہ آخر وبال

چھڑا دام گیسوئے خوباں سے دل

بچا خنجر نوک مژگاں سے دل

مجھے دور رکھ ان کے ابروستی

بچا رکھ مجھے چشم جادو ستی

مت ان جامہ زیبوں سے اٹکا مجھے

نہ دے ان کے دامن کا جھٹکا مجھے

تبسم انھوں کا مجھے مت دکھا

تکلم انھوں کا مجھے مت سنا

پھرا حسن حادث سے دل یک بیک

کہ نورِ قدیمی کی دیکھوں جھلک

سراج اورنگ آبادی کی بیشتر مثنویوں میں "مناجات" کا وصف شامل ہے بلکہ یہ کہا جائے تو بے جانہ ہوگا کہ سراج اورنگ آبادی اردو کے واحد شاعر ہیں جنھوں نے اپنی شاعری میں سب سے زیادہ "مناجات" کو رواج دیا ہے۔ ان کے کلام میں تمام مناجاتی خصوصیات کارفرما ہیں۔ دوسری مثنوی کا عنوان ہی سراج اورنگ آبادی نے "مناجات" تحریر کیا ہے۔ جس سے اندازہ ہوتا ہے کہ سراج اورنگ آبادی اردو کے پہلے باشعور شاعر ہیں جنھوں نے "مناجات" کو اپنی شاعری میں بطور خاص اور بالارادہ جگہ دی اور پوری جذباتی ہم آہنگی کے ساتھ "مناجات" کا حق ادا کرنے کی کوشش کی۔ مثنوی کے ساتھ ساتھ غزل کے دوران بھی ان کی "مناجاتی فکر" نہ صرف ابھرتی بلکہ قاری کو بھی متاثر کرتی ہے۔ ذیل میں ان کی دو مثنویوں سے منتخب مناجات پیش ہیں۔

مثنوی "بوستانِ خیال" میں سراج اورنگ آبادی نے "مناجاتی" خصوصیات کو روا

رکھا ہے۔ مثنوی کا اختتامیہ خود "مناجات بہ حضرت ذوالجلال و ختم بوستان خیال" کے عنوان سے ظاہر کیا گیا ہے جس کا آغاز ۱۱۱۲ ویں شعر سے ہوتا ہے اور ۱۱۲۵ اشعار تک "مناجاتی لہجہ" کو روا رکھا گیا ہے جس کا ذکر اوپر ہو چکا ہے جس کے بعد شاعر مختلف وسیلوں سے "مناجات" کے رویہ کو ایک نئے انداز سے وابستہ کرتا ہے۔ ملاحظہ ہو:

بحقِ جناب رسول کریم
کہ برحق ہے محبوب تیرا قدیم
بحق علی شاہ دلدل سوار
وصی نبی صاحب ذوالفقار
بحق حسن سرو سر سبز دیں
کہ ہے نونہال بہشت بریں
بحق حسین شہ کربلا
شہید سر خنجر اشقیا
بحق دل پاک زین العباد
کہ نیں ماسوا جس کو اللہ کے یاد
بحق سر سرور خاص و عام
کہ حق پاس سے جس کو باقر ہے نام
بحق بہار گل جعفری
کہ ہے گلبن گلشن سروری
بحق شہ کاظم باصفا
جماعت میں ایماں کی ہے مقتدا

بحق رضا شاہ محشر پناہ
خراسان قدرت کا ہے کج کلاہ
بحق تقی، اختر برج دیں
کہ ہے آفتاب سپہر یقیں
بحق نقی، کان برج کمال
نمایاں نبی کا ہے جس میں جمال
بحق امام حسن عسکری
چراغ شبستان نیک اختری
بحق شہ مہدی نیک نام
کہ قائم ہے آل محمد سدام

سراج اور نگ آبادی نے بارہ اماموں کے واسطوں سے "مناجات" میں شجرہ عالیہ کی خصوصیات شامل کی ہے۔ مستقبل کا نقاد یہ فیصلہ کرے گا کہ مناجات میں ان عوامل کی پذیرائی کس حد تک ممکن ہے۔ غرض سراج نے آل محمد کے وسیلہ کے ذکر کے توسط سے مناجات کے اوصاف کو جاری رکھا ہے چنانچہ مثنوی "بوستان خیال" کا تسلسل آگے اس طرح رواں ہوتا ہے:

کہ منج کو تری دولت خاص دے
اسی چاردہ تن سے اخلاص دے
یہی ورد میرا رہے صبح و شام
غلامی میں اون کی رہوں میں مدام
پھر ا دل مرا، صحبت غیر سے

کہ کعبے طرف جاؤں اب دَیر سے
میں لایاہوں تیری طرف التجا
طریقِ ہدایت مجھے اب بتا
تغافل نہ کر ورنہ ابتر ہے کام
توجہ سے مقصود بر لا تمام
کہ میں سب طرف سے ہوا ہوں نراس
لے آیاہوں روئے سیہ تیرے پاس
کہ تو اس مری روسیاہی کو دھو
زلال عنایت سے دے شست وشو
گزر گئی مری بت پرستی میں عمر
کٹی غفلت وجہل و مستی میں عمر
میں اب چاہتاہوں کہ ہوشیار ہوں
اب اس خواب غفلت سے بیدار ہوں
ولیکن ترا فضل درکار ہے
وگرنہ مرے پر تو دشوار ہے
میں ہر چند رحمت کے قابل نہیں
عنایت کے نزدیک مشکل نہیں
کہ مجھ سا گنہگار پاوے نجات
نہ زنگار ہوئے قابل عکس ذات
مرا عکس وہمی ہے دشمن مرا

کیا ہے سیہ دل کا درپن مرا
اگر ہوے نوازش کی صیقل گری
تو اس آئینے کی ہے نیک اختری
گرادے مجھے چشم پندار سے
کہ تا صاف ہو جاوے یہ زنگ ابھی نور سب
سراج اب طلب مدعا کی نہ کر
کہ خاصوں میں یہ بات نیں معتبر
اسی بیت کو ورد کر صبح و شام
جناب الٰہی میں کہہ توں مدام
سپردم بتو مایۂ خویش را
تو دانی حساب کم و بیش را
کیا میں جب اس مثنوی کا خیال
تھے ہجری ہزار و صد شست سال
شمار اس کی ابیات کا جب کیا
تو ہجری کے سن سے موافق ہوا
زبس اس میں ہے سیر گلشن مدام
رکھا بوستان خیال اوسکا نام
عدو جب کہ اس نام کے آئے بات
مطابق ہوئے سال و ابیات سات
یہ دو دن کی تصنیف ہے حسب حال

زباں پر نکل آیا دل کا اُبال
نظر میں نہ لاؤ تم اس کا قصور
کہ ہے دردمندی سے یہ بات دور

سراج اورنگ آبادی کی مثنویات میں "بوستان خیال" کا اختتام جہاں "مناجات" پر ہوتا ہے۔ وہیں ان کے کلیات میں مزید دو مثنویوں کی حیثیت "مناجات" کی ہے۔ "کلیات سراج" مرتبہ پروفیسر عبدالقادر سروری کے صفحہ ۲۵۳ پر "مناجات" کے زیر عنوان جو نظم پیش کی گئی ہے، وہ پیش ہے:

الٰہی مجہ کوں دردِ لا دوا دے
مجھے توفیق عشق بے ریا دے
الٰہی شوق کی آتش عطا کر
جلا کر خاک کر لا کر فنا کر
الٰہی عشق کی مے کا پلا جام
مجھے بے ہوش رکھ ہر صبح و ہر شام
الٰہی دے جگر پر عشق کا گل
مجھے کر شوق کے گلشن کا بلبل
الٰہی آہ کوں آتش فشاں کر
مرے آنسو کی پانی کوں رواں کر
الٰہی مجلس کثرت میں رکھ دور
مئے وحدت پلا مانند منصور
الٰہی کر مجھے تو خسرو غم

رواں کر جوئے شیر آنکھوں میں ہر دم
الٰہی شربت شیرین غم دے
طپش دے، داغ دے، درد والم دے
الٰہی کر مجھے فرہاد جاں کاہ
لگا میرے جگر پر تیشۂ آہ
الٰہی توں مجھے مانند مجنوں
کر اپنے حسن کی لیلیٰ کا مفتوں
الٰہی جلوۂ دیدار دکھلا
جمال مطلع الانوار دکھلا
الٰہی دل کوں ہے میرے تمنا
جمال یوسفی پر کر زلیخا
الٰہی دے لبالب جام الفت
مجھے کر وحشیِ دشت وحشت
الٰہی عشق میں رکھ مجھ کوں بے تاب
مجھے کر عشق کی آتش میں سیماب
الٰہی کر مرے آنسو کو جاری
مجھے دے بے قراری آہ وزاری
الٰہی لخت دل کا دے مجھے قوت
ہر اک آنسو مرا کر لعل ویاقوت
الٰہی کر دعا میری کوں مقبول

کہ میں سائل ہوں تیرا اور تو مسؤل
الٰہی دے مر امقصود دل خواہ
کہ ہے لاتقنطو من رحمت اللہ
الٰہی مدعا میرے کوں بر لا
دکھا مجھ کوں حقیقت کا تماشا
الٰہی چشم دل پر کھول یک بار
جلی، روحی، خفی، سری کے گلزار
الٰہی کر لبالب جام خالی
دکھا مجھ کوں جمال لایزالی
الٰہی بحر غم میں آشنا کر
مرے آنسو کوں در بے بہا کر
الٰہی چاہتا ہوں چہرۂ زرد
بہار غم، دل گرم و دم سرد
الٰہی لذت درد و یلا دے
مرے پر عشق کو نوبت بجا دے
الٰہی سوز عشق بے کراں دے
بہار گلشن آہ و فغاں دے
الٰہی بے خود بزم جنوں کر
مرا دل گوہر دریائے خوں کر
الٰہی دے مجھے رنگیں خیالی

سخن کے باغ کا کر مجہ کوں مالی
الٰہی شعر میرا در فشاں کر
لو سے صافی میں جیوں آب رواں کر
الٰہی تجھ ثنا میں ہوں غزل خواں
ہر اک مصرع کوں کر لعل بد خشاں
الٰہی کر عطا روشن بیانی
مرے اشعار کوں توں سے روانی
الٰہی دے سخن کی پادشاہی
خیال آباد کی دے کج کلاہی
الٰہی مجہ کوں توں فکر رسا دے
میرے آئینہ دل کوں جلا دے
الٰہی بخش مجہ کوں نکتہ دانی
توں کر غواص دریائے معانی
الٰہی مجہ سخن میں دے لطافت
گل معنی میں دے رنگ نزاکت
الٰہی حمد تیری کا ہے مذکور
مری ہر بیت کر عالم میں مشہور
الٰہی شعر میرا دل نشیں ہوئے
نہال بوستان آفریں ہوئے
الٰہی ہر غزل مقبول جاں ہوئے

وظیفہ دل کا اور ورد زباں ہوئے
الٰہی کر مرے دیوان کو مشہور
ہر اک صاحب نظر کا ہوئے منظور
الٰہی سوز دل کا تشنہ لب ہوں
جناب کبریا میں بے ادب ہوں
الٰہی من عرف، کے باب سب کھول
مرے پر عشق کے آداب سب کھول
الٰہی پردۂ کثرت اوٹھادے
شراب ساغر وحدت پلادے
الٰہی لطف کر مت دربدر کر
گناہوں پر مرے مت دربدر کر
الٰہی بھیج توں باران رحمت
گنہ گاروں پر اپنی کر شفقت
الٰہی مجہ کوں ہے امیدواری
کہ بخشے گا مجھے غفار باری
الٰہی عجز پر میرے کرم کر
نگاہ لطف مجھ پر دم بہ دم کر
الٰہی طالب حسن ازل ہوں
طلب گار جمال بے بدل ہوں
الٰہی غرق دریائے بقا کر

صفائے سینۂ روشن عطا کر

الٰہی مجہ کوں دکھلا جلوۂ نور

مرا دل کر بہار شعلۂ طور

الٰہی غم میں جلتا ہے سراج آج

زلال وصل کا ہے تیرے محتاج

سراج اورنگ آبادی کو "مناجاتی طرز" سے بے انتہا لگاؤ دکھائی دیتا ہے وہ بذات خود صوفیانہ مشرب کے دلدادہ تھے۔ یاد الٰہی کے علاوہ خدا سے مدد طلب کرنے کا ان کا اپنا جداگانہ انداز ہے "بوستان خیال" کے اختتامیہ میں مناجاتی عوامل کے علاوہ سراج مزید ایک مناجات تحریر کرتے ہیں جس میں خدا سے اپنے کلام میں سوز و گداز اور تاثیر پیدا کرنے کے دعائیہ کے بعد مزید ایک مناجات تحریر کرتے ہیں۔"کلیات سراج" کے صفحہ ۲۷۴ پر درج مناجات کے اشعار پیش ہیں:

الٰہی مجھے دردِ بے داغ دے

میرے چشم میں کحل مازاغ دے

صف عاشقاں میں نہ کر منفعل

رواں کر مرے چشم سیں خون دل

عطا کر مجھے اشک گرم آہ سرد

غم عشق میں مجہ کوں دے رنگ زرد

توہی ہے مرے درد کا آشنا

اپس مرہم لطف سیں کر دوا

مرے دل کو امید بر لا شتاب

کہ ذرے کا ہے مدعا آفتاب
شراب محبت سیں سرشار کر
آپس درد کا مجہ کوں بیمار کر
مجھے شمع مانند غم میں گلا
پرت آگ میں جیوں سمندر جلا
چکھا مجہ کوں لذت آپس درد کی
دے نعمت مجھے چہرۂ زرد کی
محبت میں اپنی مرے دل کوں کھینچ
اپس عشق کے جام میں مجہ کوں اینچ
ہمیشہ مری چشم خوں بار رکھ
لگن میں اپس کی سدا زار رکھ
اپس دوستی میں جلا خاک کر
یہ آلودگی سیں مجھے پاک کر
اگرچہ گناہ گار ہوں رحم کر
گناہوں پہ میرے نکر توں نظر
کہ بولا ہے توں آپ لا تقنطو
بجز وصل تیرے نہیں آرزو
میرے دل پو ہے زنگ غفلت کا کال
اسے صاف کر آرسی کا مثال
الٰہی مجھے محرم راز کر

خزانے حقیقت کے سب باز کر
عطا کر مجھے قفل دل کی کلید
جتے گنج مخفی ہیں سب کر پدید
شریعت کے مذہب کی منزل دیکھا
طریقت کے مشرب کی محفل دیکھا
حقیقت کے دریا میں غواص کر
آپس معرفت میں مجھے خاص کر
تماشا دکھا باغ عرفان کا
کروں سیر وحدت کے میدان کا
اپس راہ وحدت سیں آگاہ کر
مجھے کشور عشق کا شاہ کر
طلب مثل موسیٰ ہے تجہ نور کی
تجلی دکھا شعلۂ طور کی
سراجؔ آرزو میں تیری ہے سدا
دکھا خلوت معنے بے فنا
جمال حقیقی دکھا یک بیک
کہ یکبارگی دل سیں اٹھ جائے شک
قیامت کا وعدہ مجھے دور ہے
مرا دل ترے غم سیں رنجور ہے
مجھے یہاں چ دکھاوے تو خوب

یہ بے تاب دیدار پاوے تو خوب
دیکھا مجہ کو دیدار بے ہوش کر
یہ بے ہودہ گوئی سیں خاموش کر
تمنا میں اپنی مجھے رکھ مدام
بحق محمد علیہ السلام

سراج اورنگ آبادی نے اپنی شاعری میں "مناجاتوں" کے سلسلہ کو جاری رکھا ہے لیکن جہاں تک سراج کی مناجاتی شاعری کا معاملہ ہے "بوستان خیال" کے اختتامیہ پر موجود مناجات ہی انھیں ایک کامیاب مناجات نگار ثابت کرتی ہے جبکہ ان کی دیگر مناجاتیں زبان و بیان اور قوت اظہار کی تمام تاثیر رکھنے کے باوجود مخصوص انداز، صوفیانہ طرز اور ترک دنیا کی نمائندگی کرنے کی وجہ سے اپنی ہمہ گیریت اور جامعیت کھو دیتی ہیں چنانچہ ان کی دیگر مناجاتیں عوامی انداز کے بجائے ان کے ذاتی کرب کی نمائندہ ہو کر رہ جاتی ہیں اور مناجات میں آفاقی تصور کے بجائے ذاتی تصور کار فرما ہو جانا اس صنف کی معنویت کو محدود کر دینے کا سبب بنتا ہے۔ غرض اپنے عہد کے ایک اہم مناجاتی شاعر کی حیثیت سے شاہ سراج کے کلام کو کسی لحاظ سے بھی نظر انداز نہیں کیا جا سکتا۔ وہ اپنی مناجاتوں میں صوفیانہ مدارج طے کرنے کی خواہش رکھتے ہیں۔

دکن کی مطبوعہ مثنویوں جیسے "میناوستونتی، سیف الملوک وبدیع الجمال، چندر بدن ومہیار، پھول بن، لیلیٰ مجنوں، علی نامہ، پنچھی باچھا اور بوستان خیال میں بھرپور انداز سے "مناجات" کی روایت تمام ادبی وسائل کے ساتھ کار فرما نظر آتی ہے۔ اس کے علاوہ بے شمار غیر مطبوعہ مثنویوں میں بھی "مناجات" اس روکی نمائندہ طرز کی شکل میں ظاہر ہوتی ہے۔ جس کا انداز مثنوی جیسا ہے محمد قلی قطب شاہ، ولی اورنگ آبادی اور دیگر لاتعداد

دکنی شعرا کے کلام میں مناجات "غزل" کی ہیئت میں موجود ہے اس طرح دکن میں "مناجات" کے اظہار کے لئے سب کے پسندیدہ صنف مثنوی رہی اور ہر شاعر نے اپنی مثنوی کے دوران "مناجات" کو شامل کرکے خیال اور فن کی باریک بینی کو پیش کیا۔ دکنی مثنویوں میں "مناجات" کی لفظیات اگرچہ انتہائی قدیم ہے لیکن اکثر مثنویوں کے بیشتر مصرعوں کو آج کی شاعری جیسے رنگ اور تاثیر سے ہم آہنگ کیا جاسکتا ہے۔ غرض دکنی مثنویوں میں موجود "مناجات" اپنے فکر و خیال اور اظہار کے اعتبار سے جدت کی آئینہ دار ہے اور یہ ثبوت ملتا ہے کہ دکنی مثنوی نگار شعرا نے اپنی مناجاتوں میں جس گہرائی اور گیرائی کو شامل کیا ہے۔ اس کی مثال اردو کے آج کے ذخیرے میں دستیاب ہونا مشکل ہے۔

***

فراغ روہوی

غزل گو شعرا کی حمدیہ شاعری

اردو شاعری میں دوسری اصناف سخن کی طرح حمد کی روایت بھی پائی جاتی ہے۔ حیرت اس بات پر ہے کہ اس صنف سخن کو جس بلند و بالا مقام پر آج ہونا چاہئے تھا، وہاں تک یہ نہیں پہنچ سکی ہے۔ اس کے برعکس نعت گوئی شہرت و مقبولیت کے بام عروج پر دکھائی دے رہی ہے۔ اخبارات و رسائل میں تواتر کے ساتھ نعتیہ کلام اور نعتیہ مضامین کی اشاعت جاری ہے۔ موقع موقع سے بڑے اہتمام کے ساتھ نعتیہ محفلیں بھی سجائی جاتی ہیں اور ہر سال دس بیس نعتیہ مجموعے بھی زیور طباعت سے آراستہ ہو کر شائع ہوا کرتے ہیں۔ نعتیہ ادب کی جہت میں یہ پیش رفت یقیناً رسول مقبول ﷺ سے بے انتہا عقیدت و محبت کا بین ثبوت ہے۔ اس میں کوئی شک نہیں نبی کریم ﷺ کی ذات گرامی تمام نبیوں میں اعلیٰ و ارفع ہے اور منفرد و محترم بھی۔ کیوں کہ آپ خدا کے محبوب نبیؐ ہیں۔ حور و ملائک بھی آٹھوں پہر درود و سلام کا نذرانہ بھیجتے رہتے ہیں۔ درود و سلام کے نذرانے کا یہ سلسلہ ازل سے جاری و ساری ہے اور ابد تک دراز رہے گا۔

اس حقیقت کے باوجود ہمیں یہ نہیں بھولنا چاہئے کہ تمام جہانوں میں سب سے عظیم اور برتر صرف اللہ تبارک و تعالیٰ کی ذات اقدس ہے۔ وہی تمام تعریفوں اور تعظیم کے قابل ہے۔ کیوں کہ وہ تمام صفات کا مالک ہے جن کا شمار ہمارے بس میں ہے نہ احاطہ!

خدائے وحدہ لاشریک کی بڑائی میں ہم چاہے جتنا کچھ لکھ لیں کم ہو گا۔ دراصل ذات باری محیط کل ہے اور محیط کل کی توصیف ایک بشر سے ممکن نہیں۔ اسی لیے قرآن حکیم میں آیا ہے کہ "اگر دنیا کے تمام درختوں کے قلم بنا دیئے جائیں اور سمندر کے پانی کو روشنائی، پھر بھی ذات باری کی مدح سرائی کا حق ادا نہیں ہو گا۔"

حمد گوئی کی راہ میں سب سے بڑی خوبی یہ ہے کہ نہ کسی بندش یا شرط کا سامنا کرنا پڑتا ہے نہ کوئی مشکل آڑے آتی ہے اور نہ بھٹکنے کا کوئی خدشہ لاحق رہتا ہے۔ یہ راہ تمام حدود قیود سے آزاد ہے اور آزاد فضاؤں میں مبالغہ آرائی تو کیا غلو بھی ناقابل گرفت ہوا کرتا ہے۔ تعجب ہے کہ حمد گوئی میں اس قدر چھوٹ حاصل ہونے کے باوجود اس سمت میں وہ پیش قدمی اور دلچسپی دکھائی نہیں دیتی جو نعت گوئی کی جانب دیکھنے میں آتی ہے جب کہ نعت گوئی میں مشکل مراحل سے گزرنا پڑتا ہے۔ اس راہ میں بڑے ادب و احترام اور احتیاط کی شرط مقرر ہے۔ اسی لیے نعت کو دو دھاری تلوار سے مثال دی گئی ہے۔ یہاں ذرا بھی پاؤں پھسلا کہ گئے کام سے!

افسوس کا مقام یہ ہے کہ نعت گوئی میں وہ لفظیات و خیالات بھی نظم کیے جا رہے ہیں جن کو صرف حمد کے لیے مخصوص ہونا چاہیئے۔ بعض حضرات تو حمد اور مناجات کے فرق کا بھی لحاظ نہیں رکھ پاتے ہیں۔ حمد یہ کلام میں بھی دست سوال دراز کر دیتے ہیں جو بالکل نامناسب عمل ہے۔ حمد میں صرف خالق اکبر کی ثناخوانی مقصود ہوتی ہے۔ جب کہ مناجات میں ہم اپنی طلب اور مدعا بھی بیان کر سکتے ہیں اور رب ذوالجلال کی بزرگی اور قدرت کا اعتراف بھی! حمد کہتے وقت ان باریکیوں کو پیش نظر رکھنا اشد ضروری ہے۔ تاکہ حمد کی عظمت برقرار رہے۔ ہمیں خدائے بزرگ و برتر کی ثناخوانی میں قطعی بخالت سے کام لینا نہیں چاہیئے۔ حق تو یہ ہے کہ اپنی بساط سے بڑھ چڑھ کر اس کی مدح سرائی کا

فریضہ ادا کرنا چاہیئے۔

حمد گوئی کی روایت کو آگے بڑھانے اور اس کی ترویج و ترقی کے لیے اس بات کی ضرورت ہے کہ کثرت سے حمد تخلیق کی جائے، تزک و احتشام کے ساتھ حمدیہ محفلیں منعقد کی جائیں اور اخبارات و رسائل کے مدیران معتبر قلم کاروں سے حمدیہ مضامین و مقالے بھی لکھوائیں نیز گاہے گاہے حمد نمبر بھی شائع کریں۔ جس طرح پاکستان میں اس کے فروغ کے لیے کوششیں جاری ہیں۔ تاکہ ہمارا حمدیہ ادب بھی دوسرے ادب پاروں کے بالمقابل بھرا پرا دکھائی دے۔

اس حقیقت سے کسے انکار ہے کہ تنقید ادب کے معیار کی تفہیم کا پیمانہ ہے۔ لیکن عقیدے کی شاعری میں اس پیمانے کا وہ زاویہ نگاہ نہیں ہونا چاہیئے جو دیگر اصناف شاعری کے لیے متعین ہے۔ ہمارے ناقدین کا خیال ہے کہ حمد و نعت، منقبت، قصیدہ اور مرثیے کا تعلق چوں کہ عقیدے سے ہے اس لیے ایسی شاعری میں تغزل کا گزر ممکن نہیں۔ لہٰذا وہ تمام اصناف شاعری جن کا تعلق عقیدے سے ہے ناقدین کے دوٹوک فیصلے کا شکار ہو گئیں۔ ہمارے خیال میں اگر ادب عقیدت کے سمندر کو کھنگالا جائے تو اس میں بھی وجدان کی موجیں ٹھاٹھیں مارتی ہوئی دکھائی دیں گی اور اس وجدان کا بہاؤ تغزل کے بغیر ناممکن ہے۔ عقیدے کی شاعری پر ہی کیا موقوف! جہاں تک ہم سمجھتے ہیں کہ کسی بھی صنف شاعری میں تغزل کے بغیر وجدانی کیفیت کا پیدا ہونا ناممکن ہے۔ دیکھا جائے تو دنیا کے تمام معاملات و موضوعات کی توصیف بلکہ بیان، حق کی صفات کا ہی بیان ہے۔ اس لیے صنف حمد کی وسعت کا بھی کوئی ٹھکانہ نہیں۔ اب شاعر کی تخیل کی پرواز اور فراست و دانائی پر یہ منحصر ہوا کرتا ہے کہ وہ عشق میں کس قدر غرق ہو پایا ہے اور محبوب جو ذات باری ہے اور محیط کل بھی۔ اس کے کس کس پہلو کو محسوس کر پایا ہے اور اپنی محسوسات کو

لفظوں کے جامے میں کس حد تک ظاہر کرنے میں کامیاب ہوا ہے۔ یہ تعلق خاطر یا جذبے کی فضا جتنی گہری اور صادق ہو گی حمد بھی اتنی ہی بلیغ، کامیاب، پر اثر اور فکر انگیز ہو گی۔

حمد کی صنف میں دیکھئے تو غزل کی صنف سے زیادہ بلاغت ہے۔ تغزل تو حمد کا حصہ بھی ہے اور وصف خاص بھی۔ اس لیے کہ غزل کی دنیا میں محبوب کو مبالغے کے ساتھ صنم یا خدا بنانا پڑتا ہے لیکن حمد کا موضوع ہی جمالیات کا منبع ہے۔ وہی تو حسن ازل ہے تو اس حسن کے بیان، اور اس کی صفات کے اظہار میں تغزل نہ آئے تو کیا آئے۔ شاعر کے سامنے تو جمالیات کا ایک پر نور سمندر رواں ہے اب اس کے فکر و فن کے دامن پر منحصر ہے کہ وہ اپنے دامن میں کتنا بھر لیتا ہے۔ البتہ عقیدے کی شاعری کے مرکزی خیالات میں یکسانیت اور ٹکراؤ ناگزیر ہے۔ ایسی شاعری میں بڑی شاعری کی تلاش کی بجائے افکار، احساسات، جذبات، وجدان، پیرایۂ اظہار اور نئے اسالیب کی دریافت کی جائے۔

روایت کی پاسداری مستحسن سہی، لیکن روایت کا اسیر ہو کر لکیر کا فقیر بن جانا کبھی قابل رشک نہیں ہوتا۔ کیوں کہ عقیدے اور تقلید کے حصار میں مقید رہنے سے شاعری میں تازگی کے امکانات کم ہو جاتے ہیں اس حقیقت کو روشن خیال شعرا نے شدت سے محسوس کرتے ہوئے حمدیہ شاعری کو بھی نئے اسالیب سے آراستہ کیا ہے اور اپنے پیرایۂ اظہار کو ندرت بھی عطا کی ہے۔ ان کی نظمیہ اور غزلیہ شاعری میں تازہ کاری کی جو کیفیت پائی جاتی ہے وہ حمدیہ شاعری میں بھی محسوس کی جا سکتی ہے۔ حمد گوئی سے متعلق اتنی لمبی چوڑی تمہید باندھنے کی ضرورت اس لیے پیش آئی ہے کہ آج کی حمدیہ شاعری کا جائزہ لیا جائے اور یہ دیکھا جائے کہ اس کا مزاج کیا ہے اور کس نہج پر ہے۔ یہ دیکھنے کے لئے سب سے پہلے مغربی بنگال کی حمدیہ شاعری کا مطالعہ کرتے چلیں:

جہان خاک زا میں ایک ذرہ ہے وجود اپنا
مگر ذرے میں ذوق جستجو کس کی عنایت ہے
(سالک لکھنوی)

جہان خاک زا میں انسان کا وجود ایک ذرے سے زیادہ نہیں۔ اس کے باوجود وہ بچپن سے بڑھاپے تک تلاش و جستجو کے حصار سے باہر نہیں نکلتا۔ کبھی چاند ستاروں کو چھونے کی تمنا کرتا ہے تو کبھی سمندر کھنگالنے کی۔ شاعر حیرتی ہے کہ اگر یہ خدا نہیں ہے تو ایک ذرے میں یہ ذوق جستجو کس کی دین ہے۔

ہوا کے شانے پہ جو بشر کو اڑا رہا ہے
سمندروں میں جو کشتیوں کو ترا رہا ہے
جو ہو کے اوجھل نظر سے، جلوے دکھا رہا ہے
اندھیری شب میں بھی راستہ جو بتا رہا ہے
وہی خدا ہے، وہی خدا ہے،
(علقمہ شبلی)

قادر مطلق نے انسان کو بھی کس قدر فکر و فراست اور قدرت سے نواز دیا ہے، کہ اب وہ بھی آسمان پر سفر کر رہا ہے۔ سمندروں کے سینے کو چیر کر جہاز رانی پر قادر ہے۔ شب تاریک میں بھی سفر طے کر رہا ہے اور نظر سے اوجھل نظاروں کو بھی دیکھ رہا ہے۔ ان سب کے پیچھے کس کی کارفرمائی شامل ہے سوائے خدا کے۔ اسی کا اعتراف اس بند میں شاعر نے کیا ہے۔

صبح تیری عطا، شام تیری عطا
کام کے بعد آرام تیری عطا

(قیصر شمیم)

کائنات میں کوئی چیز بے وجہ وجود میں نہیں آئی ہے۔ شام و سحر اس لیے خلق کی گئی ہیں کہ مخلوق تلاش رزق میں صبح سے شام تک مصروف رہے۔ تلاش رزق میں اس کا تھک جانا بھی فطری بات ہے۔ اس لیے اس کے آرام اور سکون کے واسطے رات بھی وجود میں لائی گئی ہے تاکہ اس وقت وہ آرام کر سکے۔ لیکن آرام اسے نصیب ہوتا ہے جسے وہ توفیق دیتا ہے۔ درج بالا شعر میں شاعر نے اسی مفہوم کو ادا کرنے کی کوشش کی ہے۔

ترا جو ہو گیا دن اس کا، رات اس کی ہے
حیات اس کی ہے، یہ کائنات اس کی ہے

(حلیم ثمر آروی)

خدا اسے ملتا ہے جو خدا کی جستجو کرتا ہے اور اس جستجو میں راہ عشق سے گزرنا پڑتا ہے۔ جو خدا کو پالیتا ہے اسے سب کچھ مل جاتا ہے۔ یہ دن، یہ رات، یہ کائنات کیا اس کی حیات کو بھی دوام حاصل ہو جاتا ہے۔

شعلوں میں کون، کون ہے مچھلی کے پیٹ میں
عالم ہے تو، علیم ہے تو، رب ذوالجلال

(احمد رئیس)

یہ شعر تلمیحی شعر ہے۔ خدا عالم بھی ہے، علیم بھی اور کرشمہ ساز بھی۔ اس نے حضرت ابراہیم علیہ السلام کو شعلوں میں بھی محفوظ و سلامت رکھا اور حضرت یونس علیہ السلام کو مچھلی کے پیٹ میں۔ شاعر نے اس شعر میں رب ذوالجلال کی انھی کرشمہ سازیوں کی طرف اشارہ کرنے کی کوشش کی ہے۔

کوئی معبود نہیں تیرے سوا اے اللہ

سر بہ سجدہ ہے ترے سامنے بندہ تیرا

(علیم الدین علیم)

شاعر نے درج بالا شعر میں ذات باری کی وحدانیت کا اعتراف کرنے کی سعادت حاصل کی ہے۔ بے شک اللہ کے سوا کوئی معبود نہیں۔ وہی مسجود بھی ہے، اسی کے سامنے تمام مخلوق سر بہ سجدہ ہوا کرتی ہے۔

گلوں کو رنگ، بہاروں کو تازگی دی ہے

کلی کو حسن، نظاروں کو دل کشی دی ہے

(محسن باعشن حسرت)

شاعر نے یہاں مناظر فطرت کو موضوع سخن بنایا ہے۔ گلوں کے رنگ، بہاروں کی تازگی، کلی کے حسن اور کائنات کے نظاروں سے نہ صرف حظ اٹھانے کی کوشش کی ہے بلکہ عقیدت کے ساتھ اللہ جل جلالہ کی عنایات کا تذکرہ بھی کیا ہے۔

میں خطا ہوں، تو عطا ہے، میں زمیں تو آسماں ہے

مری حیثیت ہے کتنی، ترا مرتبہ کہاں ہے

(ضمیر یوسف)

شاعر نے آقا اور غلام کے درمیانی فاصلے کو شعر میں نظم کرنے کی کوشش کی ہے۔ وہ نہ صرف اپنی حیثیت پہچانتا ہے بلکہ اپنے آقا کے بلند و بالا مرتبے سے بھی کماحقہ واقف ہے۔

جس میں کوئی شک نہیں وہ حق ہے تو

سچ تو یہ ہے قادر مطلق ہے تو

ذات لامحدود تیری، لازوال

تو ہے بے شک بے عدیل و بے مثال

(ارشاد آرزو)

ان چار مصرعوں میں شاعر نے فنکارانہ طور پر ذات باری کی کئی صفات کا احاطہ کرنے کی سعادت حاصل کی ہے۔ یقیناً خداوند کریم بر حق بھی ہے اور قادر مطلق بھی، اس کی ذات لامحدود بھی ہے اور لازوال بھی۔ بے شک وہ بے نظیر بھی ہے اور بے مثال بھی۔

کیا حقیقت مری، میں فنا ہی فنا

تو بقا ہی بقا، تو کہاں، میں کہاں

(فراغ روہوی)

اللہ کی ذات لازوال ہے۔ اس کے سوا ہر شے کو فنا کے دشت میں بکھر جانا ہے۔ بڑے بڑے پہاڑ بھی ایک دن ریزہ ریزہ ہو جائیں گے۔ مشت خاک کی حقیقت ہی کیا۔ شاعر اپنی اوقات اور حقیقت سے بخوبی آشنا ہے۔ اللہ وباقی من کل فانی پر اسے یقین کامل بھی ہے اور مکمل ایمان بھی۔

درج بالا اشعار مغربی بنگال کے نمائندہ شعرا کرام کے حمدیہ اشعار تھے۔ آپ نے محسوس کیا ہوگا کہ ان اشعار میں عشق کا الاؤ بھی تیز ہے اور جذبات کا بہاؤ بھی۔ اب آیئے ہندوستان کے کچھ نمائندہ شعرا کرام کے حمدیہ اشعار مطالعہ کرتے چلیں:

مجھے تو نذر بھی کرنے کو کچھ نہیں اپنا

جبیں کی خاک تری، آستاں بھی تیرا ہے

(مظہر امام)

تمام نعمتیں خدا کی عطا کردہ ہیں۔ انسان کے پاس اپنا کچھ بھی نہیں ہے کہ وہ اپنے

رب عظیم کی بارگاہ میں کچھ نذر کر سکے۔ نہ جبیں اس کی ہے، نہ جبیں کی خاک اس کی، نہ وہ آستاں اس کا ہے جہاں وہ سر جھکاتا ہے۔ شاعر کو اپنی تہی دستی کا شدت سے احساس ہے۔ اسی احساس کو اس شعر میں اجاگر کیا گیا ہے۔

پیڑوں کی صفیں، پاک فرشتوں کی قطاریں
خاموش پہاڑوں کی ندا اللہ ہی اللہ
(بشیر بدر)

جس دن کائنات تخلیق ہوئی ہے، اسی دن سے کائنات کی ہر شے خواہ وہ جاندار ہو کہ بے جان، خالق حقیقی کی ثناخوانی میں مصروف ہے۔ اسی بات کو شاعر نے شاعرانہ انداز میں یوں نظم کرنے کی کوشش کی ہے کہ پیڑوں کی صفیں ہوں کہ فرشتوں کی قطاریں یا خاموش پہاڑیاں سب کی زباں پر ایک ہی رٹ ہے۔ اللہ ہی اللہ، اللہ ہی اللہ کے ورد کا یہ سلسلہ ہمیشہ جاری رہے گا۔

ہاتھوں میں سجتے ہیں چھالے، جیسی تیری مرضی
سکھ داتا، دکھ دینے والے، جیسی تیری مرضی
(مظفر حنفی)

بے شک رب قدیر کے فیصلوں کے سامنے بشر بے بس اور لاچار ہے۔ اس کی مرضی کے آگے سر تسلیم خم کرنا پڑتا ہے۔ عیش و آرام اور آسائشیں عطا کرنے والا سکھ کی بجائے اگر دکھ سے دامن بھر دے یا صلے کی جگہ ہتھیلی پر صرف چھالے ہی سجا دے تو شکوہ نہیں کرنا چاہئے، بلکہ محبوب کی اس ادا کو بھی مسکرا کر گوارا کر لینا چاہئے۔ شاعر نے اسی خیال کا اظہار اس شعر میں کیا ہے۔

منزلیں اس کی، مرادوں کا نگر اس کا ہے

پاؤں میرے ہیں، تقاضائے سفر اس کا ہے
(مغنی تبسم)

انسان مسافر ہے اور دنیا مسافر خانہ یعنی ایک اور سفر درپیش ہے۔ حیات اس سفر کا ایک پڑاؤ ہے۔ ہم اپنی مرضی سے اس سفر پر روانہ نہیں ہوئے ہیں۔ نہ کوئی منزل ہماری ہے نہ مرادوں کا نگر ہمارا ہے۔ ہم تو صرف حکم کے بندے ہیں۔ خدا جس سمت چلا رہا ہے ہم چل رہے ہیں۔ شاعر نے اسی بات کو اس شعر میں نظم کرنے کی کوشش کی ہے۔

سارے نغمے، ساری صدائیں تیری ہیں
پاؤں میرے ہیں، تقاضائے سفر اس کا ہے
(ممتاز راشد)

کوئل کی کوک ہو کہ چڑیوں کی چہکار، دریا کی لہروں کا راگ ہو کہ آبشار کی سرگم، برسات کا سر ہو کہ ہواؤں کے گیت یا انساں کے لبوں کی دعائیں، سب ایک ہی کرشمہ ساز کی کرشمہ سازیاں ہیں جس نے ایک اشارے میں سب کو خلق کیا ہے۔ درج بالا شعر میں اسی مفہوم کو ادا کیا گیا ہے۔

سنگ در بھی ترا، شہر جاں بھی ترا
لب پہ اعجاز لفظ و بیاں بھی ترا
(ظہیر غازی پوری)

انسان کے پاس سب کچھ ہوتے ہوئے بھی اس کا اپنا کچھ نہیں ہے۔ ساری عطائیں اللہ جل جلالہ کی ہیں۔ وہ سنگ در بھی جہاں ہم سر بسجدہ ہوا کرتے ہیں۔ وہ شہر جاں بھی جس پر ہمارا کوئی اختیار نہیں۔ لفظ و بیاں کا وہ اعجاز بھی جو ہمارے لبوں پر مچلتا رہتا ہے۔ شاعر نے اس شعر میں اسی حقیقت کا اعتراف کیا ہے۔

سمجھ میں کچھ نہیں آتا کوئی مقام اللہ
عجیب ہے تری قدرت، تر انظام اللہ
(رؤف خیر)

بشر کے اختیار میں نہیں کہ وہ ذات باری کے مقام یا مرتبے کو پہچان سکے۔ وہ عظیم ہے، بڑی عظمت والا ہے۔ اتنی عظمت والا کہ اس کا احاطہ ممکن نہیں۔ اس کا مقام، اس کی قدرت، اس کا نظام ایک معمہ ہے جس کا حل بشر کی فکر و فہم سے بالاتر ہے۔ اسی خیال کو اس شعر میں پرونے کی کوشش کی گئی ہے۔

سارے مکاں سے اونچا ہے لا مکاں تمہارا
یہ سر زمیں تمہاری، یہ آسماں تمہارا
(مناظر عاشق ہرگانوی)

اللہ تبارک و تعالیٰ تمام جہانوں کا خالق بھی ہے اور مالک بھی۔ وہ ہر جگہ قیام پذیر ہے۔ یہ زمیں، یہ آسماں سے آگے لا مکاں تک اسی کا قیام ہے۔ وہ لا مکاں جس کی وسعت اور بلندی کا تصور بھی نہیں کیا جا سکتا۔ وہ تمام مکانات سے وسیع اور بلند و بالا ہے۔ اسی مفہوم کا اظہار اس شعر میں کیا گیا ہے۔

ترے ہاتھ موت و حیات ہے، ترے بس میں قید و نجات ہے
تجھے ذرے ذرے کی ہے خبر، تری شان جل جلالہ
(علیم صبا نویدی)

رب ذوالجلال کے دست قدرت میں کیا نہیں ہے۔ انسان کی موت و حیات بھی اسی کے ہاتھ میں ہے اور قید و نجات بھی۔ وہ بڑی شان والا ہے اور عالم الغیب بھی۔ وہ ذرے ذرے کی خبر رکھتا ہے۔ شاعر نے اس شعر میں شان کریمی کا اقرار اور اس کے قادرانہ

وصف کا اعتراف بھی کیا ہے۔

تری ذات جس کو ثبات ہے، وہی جو کہ بالا صفات ہے

نہ شریک ہے، نہ سہیم ہے، تری شان جل جلالہ

(مختار ٹونکی)

اللہ جل جلالہ کی صفات میں ایک بہت بڑی صفت یہ بھی ہے کہ وہ لاشریک ہے یعنی یکہ و تنہا ہے۔ اس کا نہ کوئی ہم سر ہے نہ ساتھی وہ لازوال ہے اور ہمیشہ رہنے والا ہے۔ شاعر نے اس شعر میں ذات باری کی یکتائی کی قصیدہ خوانی کا شرف حاصل کیا ہے۔

خیر و شر تیری پناہوں میں خدا

تو ہی نغموں، تو ہی آہوں میں خدا

(خورشید اکبر)

رب کریم کی ذات اقدس بے شمار صفات کا مرقع ہے۔ وہ وحدت الوجود بھی ہے اور وحدت الشہود بھی۔ وہ دنیا کی ہر شے میں موجود ہے۔ ہر شے میں اسی کا پرتو دکھائی دیتا ہے۔ خیر ہو کہ شر اسی کی پناہوں میں ہے۔ وہ نغموں میں بھی نظر آتا ہے اور آہوں میں بھی۔ اسے دیکھنے اور محسوس کرنے کے لیے چشم بینا درکار ہے۔

ازل، ابد ہیں سرود تیرے

نظام ہست اور بود تیرے

(عطا عابدی)

دنیا کے تمام معاملات و موضوعات ذات باری سے ہی منسوب ہیں۔ ازل کی گفتگو ہو کہ ابد کا بیان، نظام ہستی کا ذکر ہو کہ وجودیت کا تذکرہ سب کا مرکز و محور ایک خدا کی ذات ہی تو ہے۔ اسی مفہوم کو شاعر نے اس شعر میں نظم کرنے کی کوشش کی ہے۔

آپ نے ہندوستان کے نمائندہ شعرا کے حمدیہ اشعار کے نمونے ملاحظہ فرمائے۔ ان اشعار میں بھی آپ نے عشق کی تیز آنچ محسوس کی ہوگی اور جذبات کی حرارت بھی۔ آئے اب دیکھیں کہ پاکستان میں حمدیہ شاعری کو کس طرح برتا جارہا ہے وہاں فکر کی اڑان کس سطح پر ہے، عشق کی لو کس قدر تیز ہے، کس درجہ معنی آفرینی، اثر انگیزی اور انفرادیت پیدا کی گئی ہے، اشعار ملاحظہ فرمائیں:

ممنون مرا دیدۂ بینا ہے کہ تو نے
دنیا کو دیا حسن تو مجھ کو بھی نظر دی
(قتیل شفائی)

رب عظیم کی نوازشات کا ہر وقت شکر ادا کرتے رہنا چاہیے۔ کیوں کہ اس نے ہمیں ہر شے سے مستفیض ہونے کی صلاحیت بخشی ہے۔ اس نے دنیا کو جہاں حسن و جمال سے نوازا ہے وہیں اس سے خط اٹھانے کے لیے ہمیں اس نے نظر بھی عنایت کی ہے۔ وہ نظر جسے چشم بینا کہتے ہیں۔ شاعر نے اسی خیال کو اپنے شعر میں لفظی جامہ پہنانے کی سعادت حاصل کی ہے۔

رزق پہنچاتا ہے پتھر میں چھپے کیڑے کو
تو ہی سوکھی ہوئی شاخوں کو ہرا کرتا ہے
(مظفر وارثی)

رب کریم کی شان کریمی تو دیکھئے کہ وہ کہاں کہاں اپنے رزاق ہونے کا اعلان کررہا ہے۔ وہ پتھروں میں چھپے ہوئے کیڑوں کو بھی رزق فراہم کرتا ہے۔ وہی سوکھی ہوئی ٹہنیوں کو پھر سے ہرا بھرا کرنے کی قدرت بھی رکھتا ہے۔ وہ سب کچھ کر گزرنے پر قادر ہے۔ شاعر نے اس شعر میں ذات باری کی انہی اوصاف کا اعتراف کیا ہے۔

یہ ارض و سما، یہ شمس و قمر، سب تیرے ہیں، ہم تیرے ہیں
ہے نور کا عالم شام و سحر، سب تیرے ہیں، ہم تیرے ہیں
(عشرت رومانی)

زمیں سے آسماں تک، چاند سے سورج تک، دن سے رات تک اور نور سے خاک تک سب کے سب خدا کے غلام ہیں۔ سب اسی کے اشارے پر مصروف کار ہیں۔ خدا نے کائنات کو پر رونق بنانے کے لیے ایک ایسا نظام قائم کر رکھا ہے کہ یہ کائنات ہر وقت منور رہے۔ شمس و قمر کی تخلیق کے پیچھے یہی خیال کار فرما رہا ہو گا کہ اس خوبصورت کائنات میں کسی بھی لمحہ ظلمت کا غلبہ نہ رہے۔

گلشن عالم کی زینت کار فرمائی تری
کتنی دلکش ہے فلک پر بزم آرائی تری
(افتخار اجمل شاہین)

یہ زمین و آسماں اور تمام موجودات آئینے ہی تو ہیں۔ بے شک ان آئینوں میں خدا کا جمال جلوہ فگن ہے جنھیں صرف آنکھ والے ہی دیکھ پاتے ہیں۔ شاعر بھی آئینہ در آئینہ محبوب حقیقی کا جلوہ دیکھ رہا ہے اور اپنے دل میں اس کی شان یکتائی بھی محسوس کر رہا ہے۔

دریا پہ جب بھی چاہے وہ صحرا اتار دے
صحرا کو وہ نہ چاہے تو دریا بنائے کون
(سہیل غازی پوری)

رب قدیر کی قدرت کی کوئی انتہا نہیں۔ وہ چاہے تو دم بھر میں سب کی شکل و صورت بدل کر رکھ دے۔ وہ جب چاہے دریا کو صحرا بنا سکتا ہے اور صحرا کو دریا بھی کر سکتا ہے۔ یہ قدرت اس کے سوا کسی میں بھی نہیں۔ کیوں کہ وہ قادر مطلق ہے۔

ازل کی صبح کا آغاز تیری خلاقی
ابد کی شام جہاں ہے وہاں کا مالک تو
(غالب عرفان)

خالق کل جہاں کی خلاقی بے مثال و بے نظیر ہی نہیں، ایک کرشمہ بھی ہے۔ وہ نہ صرف صبح ازل کا خالق ہے بلکہ شام ابد کی تخلیق بھی اسی کی کرشمہ سازی ہے۔ وہ ازل سے ابد تک کا خالق بھی ہے اور مالک بھی۔ ذات باری کے اسی وصف کو شاعر نے نظم کرنے کا فریضہ ادا کیا ہے۔

وہ بھی تیرے ہیں کہ جو عیش و طرب میں گم ہیں
اور جتنے بھی ہیں شائستہ غم تیرے ہیں
(سید معراج جامی)

دنیا میں دو طرح کے بندے ہیں۔ ایک وہ جنھیں عقبیٰ کی فکر نے دنیاوی عیش و نشاط سے دور مگر خدا کے قریب کر رکھا ہے۔ دوسرے وہ جنھیں عاقبت کی فکر ہے نہ پرواہ۔ اس بے پروائی نے انھیں عیش و طرب میں اس طرح الجھا رکھا ہے کہ وہ خدا سے دور ہو گئے ہیں۔ حیرت تو اس بات پر ہے کہ تمام بندے خدا کے بندے ہیں لیکن ان میں کس قدر تضاد ہے۔

شہ رگ سے بھی قریب ہے سوچیں تجھے اگر
دیکھیں تجھے تو دور ہے، پانا محال ہے
(شاعر علی شاعر)

خدا پاس بھی ہے اور دور بھی، ہم اسے پانا چاہیں تو رسائی ممکن نہیں۔ کیوں کہ وہ ہمارے گماں سے پرے ہے۔ مگر تصور اور محسوس کیا جائے تو وہ شہ رگ سے بھی قریب

تر ہے۔ بقول بشیر بدر:

خدا ایسے احساس کا نام ہے
رہے سامنے اور دکھائی نہ دے
خدا ترے کلام پر نہیں کوئی کلام
بڑا کلیم تو تجھے بچے کلیم لفظ
(عبید اللہ ساگر)

خدائے کثیر الصفات کی ایک صفت یہ بھی ہے کہ وہ بڑا کلیم بھی ہے۔ کلام پاک اس کا روشن ثبوت ہے۔ اس کے کلام سے بڑھ کر کوئی کلام نہیں۔ اس کا کلام بے مثال و لازوال ہے جس پر بشر سے کوئی کلام ممکن نہیں۔ لفظ کلیم اسی کی شایان شان ہے اور اسی کو زیب دیتا ہے۔ اس شعر میں اسی خیال کا اظہار کیا گیا ہے۔

کھلتے کہیں ہیں پھول، کہیں تپتی ریت ہے
تیرا کہیں جمال ہے، تیرا کہیں جلال
(ساحل سلطان پوری)

رب العالمین رحیم بھی ہے اور کریم بھی، قہار بھی اور جبار بھی۔ وہ اپنے بندوں پر صرف رحم و کرم ہی نہیں کرتا۔ وہ جلال پر آجائے تو بندوں کو مصیبتوں میں بھی ڈال دیتا ہے۔ روز ازل سے اس کے لطف و کرم اور جلال کا سلسلہ جاری ہے۔ یہ سلسلہ کہیں سرسبز وادیوں اور خوش رنگ نظاروں کی صورت میں نظر آتا ہے تو کہیں آتش فشاں اور سلگتے ہوئے صحراؤں کی شکل میں۔ شاعر نے اسی خیال کو اس شعر میں پرویا ہے۔

جب تک کہ تو زباں کو نہ طاقت عطا کرے
بندے کی کیا مجال کہ تیری ثنا کرے

(منظر ایوبی)

ایک تو ذات باری کی توصیف بشر سے ممکن نہیں، دوسرے یہ کہ جب تک رب عظیم زباں کو طاقت گفتار نہ عطا کرے بندے کی کیا اوقات کہ اس کی ثناخوانی کا حق ادا کر سکے۔ کیوں کہ بندہ عاجز بھی ہے اور قاصر بھی۔ اس شعر میں اسی حقیقت کا اعتراف کیا گیا ہے۔

مذکورہ اشعار نمونے اور مثال کے طور پر پیش کیے گئے ہیں۔ مختصر سے مضمون میں تمام غزل گو شعرا اکرام کے حمدیہ اشعار کا احاطہ ممکن نہیں۔ سینکڑوں شاعر ہیں جنھوں نے تبرکاً ہی سہی ذات باری کی ثناخوانی کا شرف اور سعادت حاصل کی ہے۔ حمدیہ شاعری کے لیے محبوب کے عشق میں ڈوبنے اور سرشار ہونے کی ضرورت ہے تبھی یہ صنف اپنے درجہ کمال کو پہنچ سکتی ہے۔ ذات باری کا ذکر یا اس کی یاد کسی حوالے سے ہو اس کے فیض سے انسان کے قلب کا ہر گوشہ منور ہو جاتا ہے۔ خداوند تعالیٰ ہم سب کو اس کے ذکر کی توفیق عطا فرمائے۔ (آمین)

***

ڈاکٹر آغا غیاث الرحمن

حمد و مناجات

ادب میں "حمد و مناجات" شاعری کی ایک صنف ہے۔ جس طرح شاعری میں نعت کا موضوع نبی کریم ﷺ کی ذات مبارکہ کی مدح و توصیف ہے اسی طرح "حمد" اللہ جل شانہ کی ذات کی مدح و توصیف، ستائش، تحسین، تمجید اور شکر گزاری ہے۔ یہ اصطلاح شاعری ہی کے لئے مخصوص نہیں ہے نثر میں بھی حمد کہی جاتی ہے۔ زبان سے بھی حمد و ثنا بیان ہوتی ہے اور دل ہی دل میں اللہ تبارک و تعالیٰ کو یاد کرنا بھی "حمد" ہے۔

مناجات عربی لفظ نجویٰ سے مشتق ہے جس کی معنی سرگوشی کے ہیں۔ مناجات کا مفہوم سرگوشی میں اللہ سے دعا کرنا۔ اپنے دل کا حال بیان کرنا، اپنی ضرورت کے پورا ہونے کی آرزو کرنا اور اپنے لئے نجات اور دنیا و آخرت کی کامیابی کا چاہنا ہے۔ شاعری میں مناجات کا مفہوم "دعائیہ نظم" ہے۔ جس میں بندہ اللہ تعالیٰ سے اپنی حاجات اور ضروریات کا ذکر کر کے اس کے پورا ہونے کی التجا کرتا ہے۔ حضرت مولانا اشرف علی تھانویؒ نے دعاؤں کی جو کتاب مرتب کی ہے اس کا نام "مناجات مقبول" رکھا ہے۔ الطاف حسین حالیؔ نے ایک بیوہ کی منظوم فریاد لکھی ہے اس کا نام "مناجات بیوہ" رکھا ہے۔

اردو شاعری میں نعت گوئی کے مقابلے میں حمد و مناجات کا رواج کم رہا ہے۔ اردو

ادب میں نعتیہ شاعری کے بے شمار مجموعے دستیاب ہیں۔ نعت گوئی کی وجہ سے بعض شعرا مستقل طور پر نعت گو شعرا کہلاتے ہیں۔ قدیم و جدید نعتیہ شاعری کے مجموعے گلدستے اردو کے علاوہ عربی اور فارسی کے منتخبات شائع ہوتے رہتے ہیں۔ ابھی حال ہی میں مراٹھی شاعر سریش بھٹ کی مراٹھی نعت کے نہ صرف اردو منظوم تراجم شائع ہوئے بلکہ اس پر تجزیاتی مضامین بھی لکھے گئے۔ فن نعت گوئی پر کئی کتابیں شائع ہوئیں۔ اس کی ابتدا، ارتقا، تعریف، موضوع، فضیلت، لوازمات اور شرائط وغیرہ کے تحت نعت گوئی پر ایک بہت بڑا اور کافی مواد موجود ہے۔ ہر تقریب میں تلاوت قرآن کے بعد مترنم آواز میں نعت خوانی کا عام رواج ہے۔ عربی مدارس کے اجلاس میں بھی تلاوت کے بعد بچوں سے نعت خوانی کروائی جاتی ہے۔ حمد کے لئے تلاوت قرآن ہی کو کافی سمجھا جاتا ہے۔ نعت کی بہ نسبت حمد و مناجات کم تو کہی گئیں۔ اس موضوع پر بہت کم لکھا بھی گیا۔

نعت گوئی پر ڈاکٹر سید رفیع الدین اشفاق نے ایک کتاب تحریر کی ہے۔ ڈاکٹر محمد اسماعیل آزاد فتح پوری نے "اردو شاعری میں نعت گوئی" پر مقالہ لکھ کر پی ایچ ڈی کی ڈگری حاصل کی ہے اور مقالے کو دو جلدوں میں شائع بھی کیا ہے۔ نعت گوئی پر ڈاکٹر سید یحییٰ نشیط کی ایک کتاب پاکستان سے شائع ہے۔ انھوں نے حمد و مناجات پر بھی بہت وقیع کام کیا ہے۔ جامعہ قاسمیہ مدرسہ شاہی مراد آباد کے دینی اور اصلاحی رسالہ کا بہت ضخیم "نعت النبی ﷺ" نمبر شائع ہوا۔ اس میں حمد و مناجات پر بھی چند صفحات مختص کئے گئے ہیں۔

یہاں حمد و مناجات اور نعت گوئی کا تقابل نہیں ہے صرف یہ واضح کرنا ہے کہ نعتوں کی بہ نسبت شعرا نے حمدیں اور مناجاتیں کم کہی ہیں۔ دراصل حضور اکرم ﷺ کی ذات مبارکہ سے شاعر کی عقیدت اور والہانہ جذبۂ محبت اس بات پر مجبور اور بے قرار کر دیتا

ہے اور وہ حضور ﷺ کی شان میں کچھ کہے بغیر رہ نہیں سکتا۔ اس کے علاوہ نعت کا میدان بہت وسیع ہے نعت کہنے میں بہت گنجائشیں ہیں اس میں کئی طرح کے عنوانات اور پہلو نکلتے رہتے ہیں۔

"حمد و مناجات" کا موضوع شاعری سے زیادہ مذہبی موضوع ہے۔ حمد کا تعلق اللہ جل شانہ کی ذات سے ہے اور اللہ نے اپنی حمد و ثنا کرنے کا بندوں کو حکم دیا ہے۔ چنانچہ فرمایا کہ "اے ایمان والو کثرت سے اللہ کا ذکر کرو۔" حضور اکرم ﷺ اور آپ سے قبل جتنے بھی انبیاء اس دنیا میں تشریف لائے ان سب کی بعثت کا مقصد یہی ہے کہ وہ اللہ کی عبادت اور اس کی حمد و ثنا کا پیغام بندوں تک پہنچائیں۔ فرمایا کہ "آپ اللہ کی بندگی اور اس کی حمد و ثنا کا پیغام بندوں تک پہنچائیں۔" آپ ﷺ نے یہ پیغام بخوبی بندوں تک پہنچا دیا اور فرمایا کہ انسان کی زندگی کا مقصد خدا کی عبادت ہے اور خدا کی عبادت اس کی حمد و ثنا ہے۔ خود آپ ﷺ کی زندگی سراپا "حمد" ہے۔ زندگی کا ایک ایک عمل، قول و فعل "حمد" ہے۔ اللہ کی مقدس کتاب قرآن کا آغاز بھی "حمد" ہے۔ اس کا اختتام بھی "حمد" ہے۔ کلمۂ طیبہ لا الہ الا اللہ جس کے پڑھے بغیر اور جس کا اقرار کئے بغیر اور اس پر ایمان لائے بغیر کوئی بندہ مومن نہیں ہو سکتا یہ کلمہ بھی "حمد" ہے۔ اس میں بندہ کا یہ اقرار کرنا کہ خدا کے سوا کوئی معبود نہیں، کوئی پالنے والا، جلانے والا اور مارنے والا نہیں۔ وہی قدرت والا ہے، قوی ہے اور ہر چیز پر قادر ہے ہر چیز کا مالک ہے۔ یہ اقرار بھی خدا کی بڑائی اور اس کی حمد و ثنا ہے۔ حمد عبادت ہے اس سے بندوں کو مفر نہیں۔ "حمد" اسلام کی روح ہے۔ عبادت کی روح ہے اس کے بغیر ہر عبادت مردہ اور بے جان ہے۔ "حمد" بندوں کی نجات کا سبب ہے اللہ کی رحمت کے دروازے اسی سے کھلتے ہیں۔ بندوں کی نجات کا وسیلہ ہے اور دنیا و آخرت کی کامیابی کا انحصار اسی پر ہے۔

انسان کی زندگی کا کوئی عمل اور کوئی لمحہ حمد سے خالی نہیں۔ نماز، تلاوت قرآن، کھانا، پینا، سونا، جاگنا اگر سنت طریقے کے مطابق ہیں تو سب "حمد" ہے۔ سبحان اللہ، الحمد للہ، ماشاء اللہ، اللہ اکبر اور اس طرح کے کلمات جو ہر مسلمان کی زبان پر رہتے ہیں "حمد" ہی ہیں۔ بندے کا کسی کام کے کرنے کا ارادہ کرتے وقت انشاء اللہ کہنا "حمد" ہے۔ بندہ اس وقت یہ اقرار کرتا ہے کہ میرے ارادہ سے کچھ نہیں ہو گا۔ اللہ قادر مطلق ہے وہ اگر چاہے گا تو یہ کام ہو جائے گا۔

اللہ نے عبادات کے لئے اوقات مقرر کر دیئے ہیں۔ انہی اوقات میں ان عبادات کو کیا جا سکتا ہے۔ ان کو ممنوع اوقات میں کرنا مکروہ ہے۔ لیکن حمد و ثنا اور ذکر اللہ کے لئے کوئی وقت مقرر نہیں کوئی پابندی نہیں، نہ وضو کی نہ پاکی کی۔ ناپاکی کی حالت میں بھی دل ہی دل میں اللہ کو یاد کر کے اس کی حمد و ثنا کی جا سکتی ہے۔ اس طرح ہر بندۂ مومن دن رات اللہ کی حمد و ثنا میں کسی نہ کسی طرح رطب اللسان رہتا ہے۔

مناجات میں بندہ کا تعلق اللہ سے ہوتا ہے۔ مانگنا، آہ و زاری کرنا، پچھتانا اور معافی مانگنا اللہ کو بہت پسند ہے۔ اللہ نے بندوں کو معافی مانگنے کے لئے کہا ہے۔ اپنے جلال اور عزت کی قسم کھا کر کہا ہے کہ تم مجھ سے مانگو میں عطا کروں گا۔ مجھ سے معافی چاہو میں معاف کروں گا۔ گناہوں پر ندامت کے آنسو بہاؤ میں ستاری کروں گا اور گناہوں کو معاف کر دوں گا بلکہ انھیں نیکیوں سے مبدّل کر دوں گا۔ اللہ نے اس گنہگار بندہ کو بہترین گنہگار کہا ہے جو اپنے گناہ پر پچھتائے اور معافی مانگے۔

شاعری میں حمد و مناجات کے لئے کوئی مخصوص اسلوب اور آہنگ مقرر نہیں۔ غزل، نظم، مثلث، مسدس، ترجیع بند، ترکیب بند کسی بھی ہئیت میں کہی جاتی ہے صرف جذبہ کی ضرورت ہے۔ حمد و ثنا لکھتے وقت شاعر کا دل پاک اور ذہن صاف ہو خدا کی بڑائی

اور کبریائی کا اسے احساس ہو اور وہ جذبۂ ایمانی سے سرشار ہو۔ نعت کے تعلق سے یہ بات کہی جاتی ہے کہ نعت کا کہنا گویا تلوار کی دھار پر چلنے سے بھی زیادہ نازک ہے۔ حمد تو خالق کائنات کی حمد و ثنا بیان کرنا ہے اس کو بیان کرنے میں یہ دھار اور تیز ہو جاتی ہے۔ اللہ سے محبت کا دعویٰ ہو اس کی حمد و ثنا بھی بیان کی جارہی ہو اور ساتھ ہی اس کی نافرمانی بھی جاری ہو تو دعویٰ جھوٹا اور کسی کام کا نہیں۔ دعویٰ کے ساتھ جذبۂ اطاعت و فرمانبرداری کا ہونا بھی ضروری ہے۔

مناجات نظم کرتے وقت عاجزی، انکساری، خاکساری اور تضرّع کا جذبہ کارفرما رہے۔ دل میں اللہ کی ہیبت و جلال اور اس کا خوف ہو۔ اسلوب بیان اور الفاظ سے مسکینی اور بے کسی کا اظہار ہو۔ شاعرانہ فنی خوبیوں کو بھی ملحوظ رکھا جائے۔ قرآن شریف میں وارد ہے کہ "اپنے رب کو عاجزی اور زاری سے پکارو" اس بات کا استحضار ہو کہ میرا رب میری بات کو سن رہا ہے۔ وہ میرے سامنے ہے۔ وہ بہت سخی ہے۔ اپنے بھکاریوں کو دھتکارتا نہیں اور نہ کسی کو محروم رکھتا ہے۔ حمد و مناجات لکھتے وقت شاعر کا دل تصنع اور ظاہر داری سے پاک ہو اور اخلاص، خشوع و خضوع اور دل سوزی سے سرشار ہو۔ اللہ سے عشق و محبت کے بے پناہ جذبات میں ڈوب کر دل کی گہرائیوں کے ساتھ حمد و مناجات لکھی جائیں کہ سننے اور پڑھنے والوں کی آتش شوق بھی بھڑک اٹھے۔

اردو شاعری میں قدیم و جدید شعرا کے حمدیہ و مناجاتی کلام سے چند شعرا کے منتخب اشعار یہاں درج کئے جاتے ہیں۔ قرآن مجید کی پہلی سورۃ سورۂ فاتحہ جسے سورۂ الحمد بھی کہا جاتا ہے۔ اس سورۃ میں اللہ کی حمد و ثنا بیان ہوئی ہے۔ کئی شعرا نے اس کے منظوم تراجم کئے ہیں ان میں ایک ترجمہ کافی معروف اور مقبول ہوا ہے۔ ایک زمانے میں سرکاری اور غیر سرکاری مدارس میں اسکول شروع ہونے سے قبل یہ "حمدیہ نظم" سبھی

بچے خوش الحانی سے پڑھا کرتے تھے اس کا پہلا شعر ہے:

آغاز ہمارے کاموں کا ہے نام سے جگداتا
تو رحم و کرم کا سرچشمہ ہے فیض ترا ہی لہراتا

سب مراتب ہیں تیری ذات مقدس سے ورے
کس زباں سے کہوں ہے مرتبہ اعلیٰ تیرا
(مولانا محمود حسن دیوبندی)

خدایا میں تجھے اپنا خدا تسلیم کرتا ہوں
تہہ دل سے تجھے سب سے بڑا تسلیم کرتا ہوں
(انور صابری)

قرآں کے سپاروں میں
احساں کے اشاروں میں
ایماں کے سنواروں میں
معصوم پیاروں میں
میں نے تمہیں دیکھا ہے
میں نے تمہیں دیکھا ہے
(مفتی محمود الحسن گنگوہی)

یہ شمس و قمر یہ ارض و سما
سبحان اللہ سبحان اللہ
ہر رنگ میں تیرا ہے جلوہ

سبحان اللہ سبحان اللہ

(سیماب اکبر آبادی)

یاد کرنا ہر گھڑی تجھ یار کا
ہے وظیفہ مجھ دل بیمار کا

(ولی دکنی)

مقدور ہمیں کیا ترے وصفوں کے رقم کا
حقا کہ خداوند ہے تو لوح و قلم کا

(درد)

میر حسن کی یہ حمد بھی بہت مشہور ہے اور ہائی اسکول کے طلباء کے نصاب میں داخل ہے حمد کا شعر ملاحظہ فرمائیں:

کروں پہلے توحید یزداں رقم
جھکا جس کے سجدے کو اول قلم
یا رب ہے تیری ذات کو دونوں جہاں میں برتری
ہے یاد تیرے فضل کو رسم خلائق پروری

(نظیر اکبر آبادی)

ذوقؔ اسماء الٰہی ہیں سب اسم اعظم
اس کے ہر نام میں عظمت ہے نہ اک نام میں خاص

(ذوق)

اے خداوند مہ و مہر و ثریا و شفق
لمعۂ نور سے ہے تیرے جہاں کو رونق

(انشاء)

عاجز نواز دوسرا تجھ سا نہیں کوئی
رنجور کا انیس ہے ہمدم علیل کا

(آتش)

ہر چند ہر اک شے میں تو ہے
پر تجھ سی کوئی بھی شے نہیں ہے

(غالب)

وہ حافظ کہ آتش سے خس کو بچائے
تپ عشق سے بوالہوس کو بچائے

(مومن)

پتلی کی طرح نظر سے مستور ہے تو
آنکھیں جسے ڈھونڈتی ہیں وہ نور ہے تو
اقرب ہے رگ جاں سے اور اس پر یہ بعد
اللہ اللہ کس قدر دور ہے تو

(انیس)

قطرے کو گہر کی آبرو دیتا ہے
قد سرو کو گل کو رنگ و بو دیتا ہے
بیکار تشخص ہے، تصنع بے سود
عزت وہی عزت ہے جسے تو دیتا ہے

(دبیر)

امیرؔ ملتی ہیں بے مانگے نعمتیں کیا کیا
بڑا کریم ہے جس کا امیدوار ہوں میں
(امیر مینائی)

کونین جس کے ناز سے چکرا رہے ہیں داغؔ
میں ہوں نیاز مند اسی بے نیاز کا
(داغؔ)

عظمت تری مانے بن کچھ بن نہیں آتی یاں
ہیں خیرہ و سرکش بھی دم بھرتے سدا تیرا
(حالی)

آئینہ ہے لا و اِلاّ حسنِ عالمگیر کا
ایک ہے دیکھو پلٹ کر دونوں رخ تصویر کا
(شادؔ عظیم آبادی)

ہم کیا کریں اگر نہ تیری آرزو کریں
دنیا میں اور بھی کوئی تیرے سوا ہے کیا
(حسرت موہانی)

پردہ نہ تھا وہ صرف نظر کا قصور تھا
دیکھا تو ذرے ذرے میں اس کا ظہور تھا
(جلیل مانک پوری)

تیری خبر نہیں ہے پر اتنی خبر تو ہے
تو ابتدا سے پہلے ہے تو انتہا کے بعد

(جگر مراد آبادی)

خدایا نہیں کوئی تیرے سوا
اگر تو نہ ہو تا تو ہو تا ہی کیا

(اسمٰعیل میرٹھی)

مالک مرے بے نیاز ہے تو
مالک مرے کارساز ہے تو

(ریاض خیر آبادی)

جھک گیا تیرے آستاں پہ جو سر
پھر کسی آستاں پہ خم نہ ہوا

(فانی بدایونی)

یہ نغمہ فصل گل و لالہ کا نہیں پابند
بہار ہو کہ خزاں لا الہ الا اللہ

(اقبال)

دعائے شام و سحر لا الہ الا اللہ
یہی ہے زاد سفر لا الہ الا اللہ

(ماہر القادری)

اے مالک ہر دو جہاں
ہم پر ہے کتنا مہرباں

(مرتضیٰ ساحل تسلیمی)

تو خدا ہے تیرے لائق کس طرح ہو تیری حمد

خالقِ کل مالکِ کل حاکمِ کل تیری ذات

(عروج قادری)

مری زباں سے ہے ارفع ترا بیانِ کرم

مری نگاہ سے اونچی ہے تیری شان کرم

(حافظ امام الدین)

میرے اللہ تو یکتا ہے تری ذات قدیم

نہ تیرا کوئی مقابل نہ شریک اور سہیم

(ثاقب عباسی)

اہل عجم کی بات نہ اہل عرب کی بات

اے دوست ہے پسند مجھے اپنے رب کی بات

(شہود الحق روشن)

خدا ایک ہے سب کا خالق وہی ہے

وہی رزق دیتا ہے رازق وہی ہے

بڑائی تو ہے بس اسی کی بڑائی

سن اے میرے بھائی سن اے میرے بھائی

(ابو المجاہد زاہد)

اے خدا اے خدا شکر و احساں ترا

ہم کو پیدا کیا اور کھانا دیا

اے خدا اے خدا شکر و احساں ترا

(مائل خیر بادی)

علاقۂ ودربھ کے شعرا کے کلام میں بھی حمد و مناجات کی مثالیں موجود ہیں۔ شاہ غلام حسین ایلچپوری (المتوفی ۱۷۹۵ء) ودربھ کے ایک صوفی شاعر گزرے ہیں ان کے کلام میں دکنی کا اثر نمایاں ہے۔ ان کی حمد کا ایک شعر ملاحظہ ہو:

سدا ذات اللہ کوں ہے بقا
دسے ماسوی اللہ مطلق فنا

اب ودربھ کے چند کہنہ مشق شعرا کے منتخب اشعار دیکھئے:

ظاہر و پوشیدہ است ہر چہ اے خورشید زار
مظہر ذات خدا معرفت کر دگار
(خورشید آراء بیگم)

ازل سے ابد تک زمانے ترے
مکاں لامکاں ہے ٹھکانے ترے
(ڈاکٹر منشاء)

لئے ہوئے ہر اک آہنگ ساز کا تو ہے
جو گونجتی ہے تخیل میں وہ صدا تو ہے
(شارق جمال)

شعرائے ودربھ میں ڈاکٹر شرف الدین ساحل کا نام اسلام پسند شاعر کی حیثیت سے نمایاں ہے۔ اخلاقی، اسلامی اور تعمیری نظریات ان کی شاعری کے خاص عنصر ہیں۔ "حرا کی روشنی" میں انھوں نے ایام جاہلیت سے وفات نبی ﷺ تک منظوم تاریخ بیان کی ہے۔ ڈاکٹر ساحل کے شعری مجموعوں میں "دست کوہکن"، "شرار جستہ"، "حرا کی روشنی"، آئینہ سیما"، "تازگی" اور "مقدس نعتیں" شامل ہیں۔ شرار جستہ، آئینہ سیما اور

تازگی میں حمدیہ و مناجاتی نظمیں ملتی ہیں جو ان کے مذہبی جذبات کی آئینہ دار ہیں۔ عنقریب حمد و مناجات کا مجموعہ بھی منظر عام آ رہا ہے۔ ان کے چند حمدیہ اشعار ملاحظہ فرمائیں:

وجود اس کا ہے مشک و گلاب سے ظاہر
یہ جگمگاتے ہوئے ماہتاب سے ظاہر

ایک قطرے کو صدف میں زندگی دیتا ہے کون
بن گیا موتی اسے تابندگی دیتا ہے کون

ردائے ظلمتِ شب پل میں پھاڑ کر تو نے
نکالی گردشِ ایام کی سحر تو نے

واحد ہے، بے نیاز و بے اولاد و آل ہے
تو ربِ کائنات ہے اور ذوالجلال ہے

ڈاکٹر محبوب راہی کا شمار ودربھ کے ایسے شعرا میں ہے جن کی شاعری کی بنیاد اسلامی، اخلاقی اور صالح اقدار پر قائم ہے۔ مذہبی شعور و آگہی اور ایمان کی حرارت ان کے کلام میں موجود ہے۔ انھوں نے حمد و مناجات پر خاص توجہ کی ہے۔ حمدوں، مناجاتوں، نعتوں، سلاموں، منقبتوں اور اسلامی و اصلاحی نظموں کے ان کے دو مجموعے "تری آواز مکے اور مدینے" اور "سرمایۂ نجات" شائع ہو چکے ہیں۔ ان میں ۳۸ حمدیں اور ۳۱ مناجاتیں ہیں۔ بچوں کے تین شعری مجموعے "رنگا رنگ"، "گل بوٹے" اور "پھلواری" میں بھی آسان اور سہل زبان میں حمد و مناجات شامل ہیں۔ ان کا اس انداز کا ایک شعر ملاحظہ فرمائیں:

جا بجا سو بہ سو تو ہی تو چار سو

پھول سی مدھ بھری تیری بو چار سو

ودربھ کے موجودہ شعرا کے یہ چند اشعار بھی دیکھئے:

ہر چند نہیں آتا ہے آنکھوں سے نظر تو

انسانوں کی شہ رگ سے ہے نزدیک مگر تو

(لطیف یاور)

ہے انگبیں کا مزہ اس کے ورد میں جوہرؔ

کہیں نہ کس لئے ہم لا الہ الا اللہ

(راشد اللہ خاں جوہر)

خالق دو جہاں پاک پروردگار

ہم گنہ گار دل کی تو سن لے پکار

(جملوا انصاری)

پیکر پیکر ترا ارہی

عرفاں گھر گھر تیرا رہی

(عاجز ہنگن گھاٹی)

چل رہا ہوں خود کو اندھا جان کر

یا خدا روشن کوئی امکان کر

(شکیب غوثی)

تیری تلاش ہر سو، ہر سو ترے نظارے

ہر دل میں تیرا مسکن ہر دل تجھے پکارے

(فصیح اللہ نقیب)

اے خدا قابل تعریف ہے بیشک تری ذات

حاکموں کا ہے تو حاکم تیرے لمبے ہیں ہاتھ

(خلش تسکینی)

اٹھائے کب سے ہوں دست سوال دے اللہ

مجھے بھی اپنے ہنر میں کمال دے اللہ

(امین ببودوی)

نہ رنگ روپ نہ ظاہر جمال تیرا ہے

مگر سجود میں حسن خیال تیرا ہے

(امیر اللہ عنبر خلیقی)

کریم ہے تو، رحیم ہے تو، مرے جہاں پر تری حکومت

ہے روزِ محشر کا تو ہی منصف۔۔۔۔۔۔۔۔۔۔۔

(منصور اعجاز)

حمد و ثنا اسی کی، جس نے جہاں بنایا

مٹی میں جان ڈالی آرام جاں بنایا

(ڈاکٹر اسد اللہ)

شعرانے مناجات میں بھی طبع آزمائی کی ہے۔ یہاں شعرائے اردو کے مناجاتی منتخب اشعار درج کئے جاتے ہیں۔ شیخ سعدی کی فارسی کی ایک مناجات بہت مقبول ہے۔ اکثر ائمہ حضرات فرض نماز کے بعد اس مناجات کو بلند آواز سے پڑھتے ہیں:

کریما بہ بخشائے بر حال ما

کہ ہستم اسیر کمند ھوا

ناگپور کے ایک قدیم شاعر عبد العلی عادل نے اس کا اردو منظوم ترجمہ کیا ہے۔ مولانا محمد ثانی حسنی نے بھی اس مناجات پر تضمین لکھی ہے۔ ایک بند ملاحظہ ہو:

الٰہی ہمارا تو ہی ہے خدا
تو حاجت روا اور مشکل کشا
نہیں کوئی معبود تیرے سوا
تو داتا ہے دیتا ہے صبح و مسا
کریما بہ بخشائے بر حال ما
کہ ہستم اسیر کمند ہوا

آغا حشر کاشمیری کی یہ مناجات بھی بہت مقبول اور معروف ہے اور اکثر مسلمانوں کے اور دینی مدارس کے اجلاس میں خوش الحانی سے پڑھی جاتی ہے:

آہ جاتی ہے فلک پر رحم لانے کے لئے
بادلو! ہٹ جاؤ دے دو راہ جانے کے لئے

حاجی امداد اللہ مہاجر مکی نے بھی ایک مناجات "شوق بے نوا" کے عنوان سے لکھی ہے ایک بند دیکھئے:

شوق ہے اس بے نوا کو آپ کے دیدار سے
ہو عنایت کیا عجب ہے آپ کی سرکار سے
کچھ نہیں مطلب دو عالم کے گل و گلزار سے
کر مشرف مجھ کو تو دیدار پر انوار سے
سرورِ عالم محمد مصطفی کے واسطے

عارف باللہ حضرت مولانا قاری صدیق احمد صاحب ثاقب باندویؒ کی مناجات کا

ایک شعر دیکھئے:

امڈ آئے ہیں سب اہل جفا اب باوفا ہو کر
غلام آئے ہیں آقا تیرے در پر بے نوا ہو کر

مولانا محمد ثانی حسنیؒ کی مناجات "الٰھی لاتعذ نبی" کا ایک بند ملاحظہ کیجئے:

خداوندا میں سر تا پا خطا ہوں
اسیر پنجۂ حرص و ہوا ہوں
فقیر و خاکسار و بے نوا ہوں
براہوں پر ترے در کا گدا ہوں
الٰہی لاتعذ نبی فانی
مقر بالذی قد کاں منی

سید ناظر حسین کی مناجات "اے مرے پروردگار" کا ایک بند ملاحظہ کریں:

اے مرے معبود بر حق اے مرے پروردگار
تیری عظمت کے تصدق تیری رحمت کے نثار
تو ہی ہے دانا و بینا کار ساز روز گار
میری جہالت جو بھی ہے وہ سب ہے تجھ پر آشکار
رحم کن بر حال زارم از طفیل مصطفی
اے قدیر کل شئٍ حاکم ارض و سماء

جلیل راغبی اور ڈاکٹر منشاء الرحمن خاں منشا کی مناجات کا ایک ایک شعر دیکھئے:

میرے ذوق طلب کو میرے مولیٰ جاوداں کر دے
میری چشم طلب پر میرے جلوں کو عیاں کر دے

کر عطا مجھ کو فقیرانہ وسیع القلبی
تنگ دل تنگ نظر مرد تونگر نہ بنا
(ڈاکٹر منشاء)

محبوب راہی کی مناجات کا چند شعر ملاحظہ فرمائیں:

نگاہ لطف و کرم ہو مجھ پر خدائے برتر خدائے برتر
کہ میں سراپا گناہ پیکر خدائے برتر خدائے برتر
مری نمازیں مری دعائیں دل شکستہ کی التجائی
قبولیت کا شرف عطا کر خدائے برتر خدائے برتر
متاع عقل و شعور دیدے مرے اندھیروں کو نور دیدے
مذاق فکر و نظر عطا کر خدائے برتر خدائے برتر
معاف کر دے گناہ اس کے نہیں ہے پیروں میں راہ اس کے
لگا دے راہی کو راہ حق پر خدائے برتر خدائے برتر

ڈاکٹر ساحل کی مناجات کے ان اشعار پر اپنی بات کو ختم کرتا ہوں:

تو میری سوچ کے پودے کو اک شجر کر دے
دعا یہ ہے مرے لہجے کو معتبر کر دے
صدف میں فکر و تخیل کے میں مقید ہوں
مثالِ قطرہ ہوں برسوں سے اب گہر کر دے
بچالے شر کی تباہی سے تو مجھے یا پھر
میری حیات کے عرصے کو مختصر کر دے
میں پھنس سکوں نہ کبھی دام شر میں دنیا کے

مجھے مقاصدِ ہستی سے باخبر کر دے
سوائے اس کے میرے دل میں آرزو ہی نہیں
یہی کہ مرکز اخلاص میرا گھر کر دے
اڑا دے چادر رحمت عیوب ساحل پر
ہے بے اثر یہ نوا اس کو با اثر کر دے

***

محمد بدیع الزماں

حمد و ثنا کے باب میں "بال جبریل" کی پہلی غزل کا مطلع

﴿---ایک تبصراتی جائزہ---﴾

اردو ادب میں "حمد و ثنا" اس صنف کو کہتے ہیں جس میں خدائے تعالیٰ کی ذات و صفات کی تعریف کی جائے۔ "حمد" عربی لفظ ہے اس لئے سورۃ الفاتحہ کی آیت "الحمد للہ رب العلمین" بھی حمد ہے اور کسی کا یہ مصرعہ بھی حمد ہے:

تعریف اس خدا کی جس نے جہاں بنایا

ہر اردو شاعر نے اپنے مجموعہ کلام کے شروع میں تبرکاً ایک حمد اور ایک نعت شامل کرنے پر اکتفا کیا ہے مگر اقبال واحد اردو کے شاعر ہیں جنھوں نے نہ ایک حمد لکھی اور نہ ایک نعت اور نہ اپنے اردو کے چار مجموعہ کلام میں تبرکاً بھی حمد اور نعت شامل کیا۔ مگر ان کے مجموعہ کلام "بال جبریل" کی پہلی سولہ غزلوں پر سینکڑوں حمد و ثنا ہیں اور دوسرے انھوں نے اپنے سارے کلام کو نعتیہ بنا دیا۔

اقبال نے اردو شاعری میں ہیئت کے بہت سے تجربات کئے اور انداز بیان کا ایک ایسا انوکھا اور نرالا طریقہ اختیار کیا کہ بقول پروفیسر جگن ناتھ آزاد بہتوں نے اس کی نقل کی مگر سب ناکامیاب رہے۔ ایسی ہی تجربات میں "بال جبریل" کی ۷۷ غزلیں ہیں جن میں زیر تجزیہ پہلی غزل بھی شامل ہے۔ جس کا مطلع موضوع گفتگو ہے۔

اقبال کے انداز بیان کی سب سے بڑی خصوصیت یہ ہے کہ غزل ہو یا نظم وہ براہ

راست کسی موضوع کو پیش نہیں کرتے کیونکہ ان کا قول تھا:

برہنہ شعر نہ گفتن کمال گویائی است

اور یہی وجہ ہے کہ اقبال کے اکثر اشعار جلدی گرفت میں نہیں آتے۔ اقبال کے شعر کو گرفت میں لانے کے لئے in between the lines یعنی بین السطور پڑھنا ضروری ہے۔ اس مضمون میں طوالت کی وجہ سے "بال جبریل" کا درج ذیل مطلع موضوع گفتگو ہے:

میری نوائے شوق سے شور حریم ذات میں
غلغلہ ہائے الاماں بتکدۂ صفات میں

اس شعر کے پہلے مصرعہ میں اقبال کہتے ہیں کہ "نوائے شوق" سے "حریم ذات" میں ایک شور برپا ہو گیا ہے۔ اقبال کے اس "نوائے شوق" کی تاثیر دیدنی اور شنیدنی ہے کہ "حریم ذات" تک میں شور برپا ہو جاتا ہے۔ اس لئے کہ اگر عاشق "حریم ذات" میں داخل ہو گیا، یا بالفاظ دیگر ذات آشکار ہو گئی تو یہ کائنات جو تجلی صفات کی بدولت پیدا ہوئی ہے، یقیناً فنا ہو جائے گی اور جب یہ کائنات ہی فنا ہو جائے گی تو پھر "ذات" اپنا جلوہ کسے دکھائے گی؟ معشوق کے لئے عاشق کا وجود لازمی ہے۔

"شوق" اقبال کے کلام میں، الفاظ سے مشتق، ایک اصطلاح ہے جس سے بہت سارے اشعار اور نظمیں ہیں۔ "شوق" کے لغوی معنی عشق و محبت کے ہیں۔ ذکر اللہ کرتے کرتے جب سالک پر محویت طاری ہو جاتی ہے تو اس کیفیت کو تصرف کی اصطلاح میں "شوق" سے تعبیر کرتے ہیں۔ اس "شوق" پر "بال جبریل" کی نظم "مسجد قرطبہ" کے تیسرے بند میں اقبال کا یہ شعر ہے:

شوق مری لے میں ہے، شوق مری نے میں ہے
نغمۂ اللہ ھو میرے رگ و پے میں ہے

زیر تجزیہ شعر کے پہلے مصرعہ میں اقبال نے "ذات" اور دوسرے میں "صفات" استعمال کیا ہے اور "ذات" کے لئے "حریم" کا لفظ لائے ہیں اور حق یہ ہے کہ اس کی موزونیت کا اظہار لفظوں کے ذریعہ ناممکن ہے۔ "حریم" سے شاعری کی اصطلاح میں وہ محفوظ مقام مراد ہے جہاں کسی کی رسائی نہ ہو سکے۔ پس اس جگہ "حریم" کنایہ ہے اس حقیقت سے کہ ذات باری وراء الورا ہے اور انسانی فہم کی دسترس سے بالاتر ہے۔ اقبال دنیا والوں کو اپنے اس مصرعہ سے مغالطہ میں رکھنا نہیں چاہتے کہ جب "حریم ذات" میں شور برپا ہو گیا تو عاشق "ذات" یعنی معشوق حقیقی سے حاصل ہو جائے گا یا کم از کم وصال کا امکان ضرور پیدا ہو گا۔ اسی امکان کی نفی کے لئے اقبال نے "حریم" کا لفظ استعمال کیا ہے تاکہ قاری پر یہ حقیقت واضح ہو جائے کہ اگرچہ اس میں شک نہیں کہ میرے "نوائے شوق" سے "حریم ذات" میں شور برپا ہو گیا ہے لیکن اس کا کیا علاج کہ "ذات" حریم میں پوشیدہ ہے اور اس یقین سے معمور ہے کہ ہم تک کسی کی رسائی نہیں ہو سکتی۔ الغرض اس حقیقت نے "حریم" کو "حریم ناز" یعنی ایسی بارگاہ بنا دیا جس میں غیر کا گزر ہو ہی نہیں سکتا۔ اب سوال یہ ہے کہ جب حریم ناز میں گزر ہو ہی نہیں سکتا تو "نوائے شوق" کا نتیجہ کیا نکلا؟ اس کا جواب یہ ہے کہ عاشق کا کام تو کوشش کرنا ہے خواہ نتیجہ بر آمد ہو یا نہ ہو۔ اس معنی میں اسی لئے انگریزی میں اسی "حریم" سے لفظ Harem ہے جس کی معنی ہیں "Forbidden place for Mussalmans"۔

اگر ہم زیر تجزیہ شعر کو غور سے بین السطور پڑھیں تو یہ ناکامی بھی عین کرم ہے کیونکہ اگر عاشق حریم ذات میں داخل ہو جائے تو اس کا فنا ہو جانا یقینی ہے کیونکہ جب حضرت موسیٰؑ تجلی کی تاب نہ لا سکے (سورۃ الاعراف، رکوع:۱۷) تو ایسا کون ہے جو ذات کی تجلی کی تاب لا سکے۔

گرچہ زیر تجزیہ شعر میں خطاب معشوق حقیقی سے ہے مگر خطاب کا انداز یہ ہے کہ

اس شعر میں تذکرہ اپنا ہی ہے۔ بظاہر تو یہ اپنا تذکرہ ہے لیکن بہ باطن یہ اسی کی حمد وثنا ہے کیونکہ مقصود اپنے تذکرہ سے یہ ہے کہ اے خدا! میں ایک بندۂ ناچیز ہوں، میری حقیقت اور ماہیت تو "عدم" ہے۔ میں اگر موجود ہوں تو محض اس سبب سے کہ تیری صفت تخلیق اس کائنات میں اور میری ذات میں کار فرما ہے۔

زیر تجزیہ شعر میں اقبال نے "صفات" کے لئے "بتکدہ" کا لفظ استعمال کیا ہے۔ ایسے تو "بتکدہ" اس مکان کو کہتے ہیں جس میں بت رکھے ہوئے ہوں۔ مگر اس شعر میں یہ اصطلاحی معنی میں مستعمل ہے۔ یعنی بت سے مراد ہے وہ چیز جو انسان کو اس کے مقصد حقیقی سے غافل کر دے۔ اقبال کی رائے میں مومن کا مطلوب و مقصود "صفات" نہیں بلکہ "ذات" ہے۔ لیکن اکثر ایسا ہوتا ہے کہ سالک "صفات" (اسماء الٰہیہ) کے مشاہدہ میں ایسا مستغرق ہو جاتا ہے کہ "ذات" کا تصور اس کی نگاہ سے اوجھل ہو جاتا ہے۔ اس لئے اقبال کی نگاہ میں یہ "صفات" مجازی رنگ میں وہ "بت" نہیں جو ان کی روحانی ترقی میں حائل ہو جاتے ہیں اور اسی لئے انھوں نے ان صفات کو "بتکدہ" سے تعبیر کیا ہے۔

اقبال نے زیر تجزیہ مطلع میں عشق شور انگیز کی شدت اور لطافت کا نقشہ کھینچا ہے۔ لہٰذا اس شعر کو منطق کی کسوٹی پر نہیں پرکھنا چاہئے۔ مراد اس سے یہ ہے کہ عاشق ذات ہوں اور گرچہ مجھے معلوم ہے کہ ذات تک رسائی ناممکن ہے لیکن اس کو کیا کروں کہ میری عالی ہمتی "ذات" سے کمتر کسی چیز سے ممکن نہیں ہو سکتی کیونکہ وہ خود کہتے ہیں:

در دشت جنون من جبریل زبوں صیدے
یزداں بہ سمند آدر اے ہمت مردانہ

***